Wilhelm Schmid

Schaukeln

Die kleine Kunst der Lebensfreude

Insel Verlag

5. Auflage 2026

Erste Auflage 2023
Originalausgabe

Druck: CPI books GmbH, Leck
Printed in the EU
ISBN 978-3-458-64372-2

Insel Verlag Anton Kippenberg GmbH & Co. KG
Torstraße 44, 10119 Berlin
info@insel-verlag.de
www.insel-verlag.de

Inhaltsverzeichnis

Vorwort

Eine Schaukel! Wir bummelten umher, unsere längst erwachsene Tochter hatte sich zum Geburtstag einen kleinen Ausflug mit ihren Eltern gewünscht. In einem Park stießen wir plötzlich auf diese Installation, die *Outbursts* an Begeisterung auslöste: Eine Schaukel! Es war ein schöner, nur leicht verregneter, unbeschwerter Tag, die Schaukel passte wie bestellt dazu. Zwei Schaukeln sogar, an einem Holzgestell befestigt. Die leeren Sitzflächen, die in der leichten Brise baumelten, wirkten wie eine Einladung: Probiert es doch mal!

Das taten wir. Es war phantastisch. Es brachte mich auf Gedanken. Ist Schaukeln nicht genau das, was wir fürs Leben brauchen? Es verleiht Schwung und verhindert Erstarrung. Lässt sich nicht das ganze Leben als ein Hin- und Herschwingen verstehen? Zwischen dem Leben zuhause, um sich von den Anforderungen außerhalb zu erholen, und dem Leben außerhalb, um zeitweilig der häuslichen

Enge zu entfliehen. Zwischen familiären Beziehungen, die den Alltag tragen, und Freundschaften, die außeralltägliche Abwechslung bieten. In allen Beziehungen können Freude und Übereinstimmung den unvermeidlichen Ärger und aufkommende Unstimmigkeiten ausbalancieren. Gelegentliche Reisen erlauben, komplett vom gewohnten Leben wegzuschaukeln, um froh zu sein, beim Zurückschaukeln wieder darin eintauchen zu können. Der Lebensfluss liebt das Mäandern zwischen Gegensätzen.

Ich wollte etwas darüber schreiben, wie Schaukeln zur Kunst werden kann, mit schwungvollem Hin und Her mehr Lebensfreude zu gewinnen. Als ich die Überlegungen wenig später meiner Frau vorstellte, die sich schon lange in dieser Kunst übte, hielt sie das für eine sehr gute Idee, hatte mir aber etwas ganz Anderes mitzuteilen. Sie kam gerade von einer ärztlichen Untersuchung zurück, Diagnose: Speiseröhrenkrebs im fortgeschrittenen Stadium. Die Therapie werde leider nicht kurativ sein können, also auf Heilung ausgerichtet, nur palliativ, lebensverlängernd. Schlagartig war alles anders.

Sie trug es mit Fassung, ihrem Gemüt entsprechend. Ich war fassungslos. Von einer Sekunde zur anderen war die Lebensfreude wie ausgelöscht. Und ich hatte doch so viel davon gehabt! Alle Glieder, Gefühle, Gedanken wurden bleischwer. Selbst das Atmen fiel mir schwer. Neiderfüllt blickte ich auf Paare, die offenbar freudig durchs Leben gehen konnten. Warum wir nicht mehr? Unter keinen Umständen konnte ich nun an einem Text über Lebensfreude arbeiten. Meine geliebte Frau aber bat mich, bei dem Thema zu bleiben, »sonst bist du mir keine Hilfe!« Es folgten Wochen von Abklärungen und Untersuchungen, immer ungläubig, ob es denn wahr sein kann, immer ungewiss, wie es weitergehen soll. Sie unterzog sich einer Strahlentherapie, einer Chemotherapie, einer Operation, alles enorm fordernd, aber sie bewältigte es. Und ich erinnerte mich an die Schaukel, die wir entdeckt hatten, als unsere Welt noch in Ordnung war und wir nicht einmal von ferne ahnten, was auf uns zukommt.

Das Leben sogar am Rande des Abgrunds noch als Schaukel zu begreifen, half am besten weiter. So konnten wir auch in dieser Situation hin- und herschwingen. Zwischen der Belastung, die das Leben uns auferlegte, und der Entlastung, mit der sich Kräfte regenerieren lassen. Zwischen dem Hadern mit dem Schicksal, das nicht mehr revidierbar ist, und der Freude über etwas Schönes, das trotz allem beflügelt. Zwischen dem Dasein füreinander und der Erholung von der Anstrengung, die auch das sein kann. Zwischen der Verzweiflung über die Aussichtslosigkeit und der Ermutigung durch vertraute Gespräche. Nur zum Teil können Menschen ihr Leben so einrichten, wie es ihnen gefällt. Zum anderen Teil fällt es anders aus als erhofft, aus welchen Gründen auch immer. Lebenskunst ist die Kunst, die schönen Seiten des Lebens zu genießen, jedoch auch, mit den schwierigen Seiten zurechtzukommen.

Alles fließt? Alles schaukelt! Das Leben ist eine Schaukel. Das macht seine Spannung aus. Nie bleibt es gleich, auch wenn es so erscheint. Mal ist die Gelassenheit da, dann wieder weg. Mal verfüge ich über Souveränität, dann wieder nicht. Jedes Selbstbewusstsein wird beizeiten wieder von Selbstzweifeln eingeholt. Ich suche nach Nähe, um mich nicht verlassen zu fühlen, und gehe auf Distanz, um mich wieder auf mich zu besinnen. Übertreibe ich es mit dem Ich, entdecke ich das Zusammensein neu. Zwar brauche ich Privatheit, um mich zurückzuziehen, aber auch Öffentlichkeit, um am allgemeinen Leben teilzuhaben. Ich will hinaus aufs Land, um zur Ruhe zu kommen, dann wieder zurück in die Stadt, um an Dynamik zu gewinnen. Kleine und größere Feste setzen den Alltag auf die Schaukel, bis er wieder willkommen ist, um sich vom festlichen Treiben zu erholen. Wenn Leben heißt, keinen Rausch auszulassen, ist Nüchternheit unverzichtbar, um wieder Atem zu schöpfen.

Mit dem hin- und herschwingenden Pendel einverstanden zu sein, ist die Voraussetzung für die Kunst, sich des Lebens zu freuen. Eine Veranlagung dazu ist hilfreich, aber entscheidend ist die Übung, wie bei allen Künsten. Für die, die sich in dieser Kunst üben, ist das Leben voller Sinn, unabhängig davon, ob es von sich aus sinnvoll ist. Auch die, die es eigentlich für sinnlos halten, können sich des Lebens freuen. Ein Missverständnis wäre gleichwohl die Erwartung, sich des Lebens *ständig* freuen zu können. Immerzu freudig zu sein, ist nur als Illusion möglich. Nicht nur die Anstrengung braucht Erholung, auch die Freude braucht sie, um die Intensität wiederzugewinnen, ohne die sie fade wird. Bleibt nur noch die Frage: *Darf* man das überhaupt, sich in schwierigen Zeiten trotz allem des Lebens zu freuen? Aber wann, wenn nicht gerade dann? Woher sonst sollen die Kräfte kommen, das alles zu meistern?

Solche Einsichten verdanke ich meiner Frau Astrid, die das Glück meines Lebens war. Sich des Lebens zu freuen, umfasste für sie das gesamte Leben mit all seinen Gegensätzen. Was für sie selbstverständlich war, musste ich mir erst aneignen. Wurde es zwischen uns selbst schwierig, fürchtete ich um die Beziehung und resignierte. Sie zeigte sich sicher, dass es wieder schön werden wird, und tat auch viel dafür. Und die gesundheitlichen Schwierigkeiten? Die Lebensfreude meiner Frau endete selbst dann nicht, als die Krankheit zurückkam und das unruhige Weltgeschehen, auch das damalige pandemische Geschehen, völlig in den Hintergrund trat. Was mir in dieser Zeit Kraft gab, war der tägliche Ausflug an einen See, auf dessen sanften Wellen ich beim bloßen Hinschauen schon mitschaukeln konnte. Die Wasserfläche ordnete meine Gedanken wieder und glich meine Gefühle aus. Sie tat dafür nichts weiter, als einfach nur da zu sein. Am Berliner Wannsee ist dieses Buch entstanden, als aus letzter Hoffnung quälende Ungewissheit und noch qualvollere Gewissheit wurde. Dort weinte ich, Wasser zu Wasser, als sich das Leben meiner Frau dem Ende zuneigte.

Die Gegenwart des liebsten Menschen in der Welt zu verlieren, ist so traurig, dass es nicht mehr in Worte zu fassen ist. Am Rande des Wassers aber schöpfte ich Trost und Zuversicht und lernte neu zu schaukeln: Zwischen der grenzenlosen Traurigkeit und dem pragmatischen Weiterleben, das den Tagen einen Rahmen gibt. Zwischen der tiefen Dankbarkeit, gemeinsam so viele Jahre der Fülle erlebt zu haben, und dem unstillbaren Schmerz, dass es nicht noch viele weitere Jahre sein konnten. Das nahe Wasser, das sich in einer anderen Zeit als das Menschenleben bewegt, weitete mein Denken. Die einzelnen Tropfen kommen und gehen in viel kürzerer Zeit als ein Mensch, aber sie sind Elemente eines Kreislaufs über Tausende von Jahren hinweg. Alle kehren in irgendeiner Form wieder. Könnte es mit dem Menschen, der zu großen Teilen aus Wasser besteht, nicht genauso sein? Meiner Frau gefiel dieser Aspekt. Dieses Buch ist ihr gewidmet.

1.
Schwung holen:
Erholung von der Digitalisierung

Schaukeln ist wie Tanzen. Es macht das Leben schwebender, der Schwerkraft entzogen. Fast. Eine bemerkenswerte Schwerkraft ist hingegen der alltäglichen Normalität eigen. Das ist der normale Alltag vieler: Der Blick auf Bildschirme. Keine Auszeit mehr. Das Surfen auf digitalen Meeren kann reizvoll sein, auf Dauer ist es nervtötend. Unentwegt auf allen sozialen Kanälen Kontakt zu halten, das Display zugemauert mit den Kacheln der Apps, die normalerweise eine Lebenshilfe sind, führt unweigerlich zur Erschöpfung. Der Dauergebrauch der Geräte vermittelt das Gefühl, das Leben nicht mehr zu spüren. Die Antwort darauf ist die analoge Schaukel. Dem digitalen Leben nur für ein paar *Moves* zu entschweben, bringt den Körper wieder in Schwung und verschafft einen Eindruck von der realen Umgebung. Es genügt, auf das Brett zu rutschen, die Beine anzuheben und loszuschwingen. Der Wind streicht sofort über die Wangen.

Schaukeln ist poetisch. Moderne Menschen bevorzugen freilich technische Metaphern, auch wenn es um Erholung geht. In der fossilen Epoche, als viele noch Benzin im Blut hatten, musste man neue Kraft »tanken«. Im Batteriezeitalter ist es entscheidend, »den Akku wieder aufzuladen«, ein *Human Recharging*. Beim Schaukeln aber lockert die körperliche Bewegung ganz beiläufig die krampfhafte Verengung des Geistes auf. Neue Neuronen und Synapsen bilden sich und stärken die *Human Intelligence*, um zumindest für eine Weile noch der Künstlichen Intelligenz zu trotzen. Zugleich ist die Bewegung des Körpers die beste Prophylaxe gegen Pathologien aller Art, fragen Sie Ihren Arzt oder Ihre Ärztin. Jede körperliche Übung wird zur Erholung für das gesamte Selbst, das für einen Augenblick befreit ist von den Mühen des Surfens, Denkens, Instagrammens. Mit etwas Übung ist es selbstverständlich auch auf der Schaukel möglich, Nachrichten zu checken und zu tippen, aber der *Viertelstundenurlaub* auf dem Brett ist die beste

Gelegenheit für einen Verzicht, *Smartphonefastenzeit.*

Nicht zwingend muss es ein Brett sein, das hin- und herschwingt, auch andere Schaukelvarianten stehen zur Verfügung. Viele schaukeln hin und her zwischen der Erwerbsarbeit, die ihr Leben finanziert, und der Lieblingstätigkeit oder Untätigkeit, die sie mit Freude erfüllt. Sich einer faszinierenden Aufgabe zu widmen, macht es leichter, lästigen Pflichten nachzukommen. Von großem Reiz ist das Hinausgehen, Hinausschaukeln in die Natur, sei es die kultivierte des Parks oder die renaturierte des Waldes. In frischer Luft geht der Atem von selbst tiefer und gleicht das Flachatmen vor Bildschirmen aus. Die digitale Epoche begünstigt das Schaukeln jeder Art. Der Arbeitsplatz hat keinen festen Ort mehr. Während eines Spaziergangs schaukle ich von der Arbeit zur Muße und zurück, beantworte zwischendurch Mails auf der Bank am Waldrand, um dann wieder Augen und Ohren offen zu halten für all das, was der Wald sagt. Das Schaukeln kommt der Muße zugute, indonesisch *nongkrong*, wie auf der Documenta 2022 in Kassel

zu lernen war. Oder ist auch die Muße eine Art von Arbeit, die nur nach außen nicht als solche erscheint, eine Arbeit an mir selbst und meinem Verhältnis zu Anderen und zur Welt?
Wer sich die Zeit nimmt, nach innen einige Dinge zu klären, um mit sich im Reinen zu sein, kann nach barocker Art, inhaltlich behutsam modernisiert, mit Johann Sebastian Bach »irdisch selig sein« und singen: »Ich bin in mir vergnügt« (Kantate, BWV 204). Das ist ein wichtiger Schritt auf dem Weg zur kleinen Kunst der Lebensfreude: Die Befreundung mit dem eigenen Selbst, ohne in zu viel Narzissmus zu versinken. Die Selbstfreundschaft ermöglicht, mit sich selbst besser umzugehen, um sich mit aufrichtiger Freude auch Anderen zuwenden zu können, da die nötigen Kräfte dafür frei werden. Noch dazu rüstet sie Menschen bestens dafür, sich mit Energie und Zuversicht den Herausforderungen zu stellen, die selbst bei noch so großer Lebensfreude nicht ausbleiben. Das Ich, das sich selbst einen Wert zuerkennt, interessiert sich außerdem verstärkt für den Zustand der Welt, von dem sein Leben zu keinem Zeitpunkt abge-

koppelt ist. Die Sorge um die eigenen erneuerbaren Energien wird zur Basis für die Sorge um die erneuerbaren Energien der Erde, Schaukeln für die Ökologie!

Schaukeln ist angewandte Dialektik, wie die praktische Erfahrung zeigt. Der Genuss der Muße ist nach einer Unmuße am größten. Die Hingabe an ein Hobby, einen Sport tut nach einer Anspannung am wohlsten. Die Freude am Spiel wirkt als Kontrast zum Ernst des Lebens am stärksten. Die Konfrontation mit Krankheit, Leid und Tod kann den Lebenshunger entschieden vergrößern. Jede Unlust mündet in das Bedürfnis nach neuer Lust. Jede Lust aber, im Übermaß genossen, verkehrt sich in Unlust. Was Freiheit bedeutet, kommt mit der Erfahrung von Unfreiheit deutlicher zu Bewusstsein. Vielleicht ist das auch ein Grund für Trennungen: Die Sehnsucht nach Freiheit, die in einer Beziehung als eingeschränkt erlebt wird. Um in einer anderen Beziehung wieder Einschränkungen in Kauf zu nehmen.

Erstickt das Leben in Notwendigkeiten? Neuen Schwung verleiht ihm eine Schaukelbewegung hin zur Offenheit für Zufälle, insbesondere für zufällige Begegnungen. Eine Möglichkeit, das Leben sogar vorsätzlich den Zufällen zu überlassen, wäre Würfeln. Allerdings könnten die daraus resultierenden Verwicklungen die Beteiligten so sehr in Mitleidenschaft ziehen, dass sie es selbst nicht mehr aushalten. Im Roman *Der Würfler* (*The Dice Man*, 1971) spielt George Cockcroft unter dem Pseudonym Luke Rhinehart durch, was drohen könnte, wenn ein Mensch alle Entscheidungen dem Würfelwurf überließe. Konventionen würden gesprengt werden, und jede Verlässlichkeit von Beziehungen würde sich auflösen. Aber auch das ist Schaukeln: Mit einem Gedankenspiel hinauszuschaukeln aus einer Situation, die aus der Binnensicht als Belastung erscheint. Mit dem Blick von außen ist besser einzuschätzen, was auf dem Spiel steht. Um dann mit neu gewonnener Einsicht in die Situation zurückzuschaukeln. Oder wirklich den Absprung zu wagen.

Leben heißt schaukeln. Eine berühmte Schaukel firmiert seit alten Zeiten unter dem Namen *ora et labora*. Zwischen Beten und Arbeiten wie eine

Glocke hin- und herzuschwingen, hat den Bewohnern von Klöstern über viele Jahrhunderte hinweg anscheinend ein erfülltes Leben ermöglicht. In der profanen Welt könnte das Schaukeln zwischen Anstrengung und Besinnung eine ähnlich nachhaltige Wirkung zeitigen. Oder zwischen *Genuss und Verzicht.*

Verzicht? Davon wollen viele nichts wissen. Der Genuss soll ewig vorhalten. »Denn alle Lust will – Ewigkeit«, dichtete Friedrich Nietzsche (Das Nachtwandler-Lied im vierten Teil von *Also sprach Zarathustra*). Wollen kann sie das, aber was sie bekommt, ist immer nur Zeitweiligkeit. Nichts gegen das Genießen von Lüsten: Es entspannt. Es ist wunderbar. Es ist wiederholbar. Aber alle Erfahrung zeigt: Es kann kein Dauerzustand sein.

Schaukeln gibt der Erholung von Genüssen bereitwillig den Raum, der künftigen Genüssen den Boden bereitet. Die Erholung zu verweigern, führt zur Suche nach stärkeren Reizen, deren Effekt dennoch bald schal ausfällt. Das Problem ist, dass die von Ratgebern propagierten und in sozialen Medien vorgeführten Genüsse kein Schaukeln mehr vorsehen. So sind Menschen dem Druck ausgesetzt, sich ohne Unterlass mit der Frage nach dem nächsten Genuss zu martern. Keinen Augenblick können sie genießen, ohne vom Gedanken besessen zu sein, unbedingt genießen zu müssen. Ein erfülltes Leben aber besteht darin, nicht immer nur zu genießen, sondern auch mit ungenießbaren Zeiten zurechtzukommen. Es ist unmöglich, unentwegt »gut drauf zu sein«. Selbst das schönste Hochschaukeln kann unangenehme Abschwünge nicht ausschließen. Umgekehrt ist es wichtig, inmitten widriger Zeiten den Aufschwung wieder zu wagen.

2.
Einübung: Askese ist der Aufschwung zur Freude

Auch Schaukeln will gelernt sein, es klappt nicht unbedingt auf Anhieb, also noch einmal von vorn. Erst mal nur halb aufs Brett, kleiner Anlauf rückwärts, dann ganz rauf und Beine hoch, Oberkörper nach hinten, Steigflug vorwärts, mit dem Hintern nachdrücken, Oberkörper aufrichten, Sinkflug rückwärts, übergehend in Steigflug rückwärts, der wiederum in den Sinkflug vorwärts kippt, Oberkörper nach hinten, nachdrücken und so weiter. Kompliziert? Übung macht den Meister. Übung, das ist *Askese*, dem alten griechischen Ausdruck *Askesis* entsprechend. Übung heißt Wiederholung eines Verhaltens, um eine Fähigkeit zu verbessern und Abläufe zur Gewohnheit zu machen, über die nicht mehr nachgedacht werden muss. In der Musik oder im Sport ist die Bedeutung von Übungen bestens bekannt, auch Training genannt. Das hat mit Verzicht, der oft mit Askese assoziiert wird, wenig zu tun. Obwohl ein solcher manchmal ratsam sein könnte, etwa bei der Nutzung technischer Geräte, um nicht bloß ein *Homo faber*, ein technischer Mensch zu sein, eher ein *Homo universalis* zu werden.

Das Programm sollte leicht handhabbar sein, wie jetzt an den Seilen der Schaukel, die ich fest umfasse, um zu lernen, wie mir der Aufschwung besser gelingt, wieder und wieder. Es kommt auf die unverdrossene Übung an, aus ihr erwächst das Können jeder Kunst, auch der kleinen Kunst der Lebensfreude. Die Vielzahl der Übungen summiert sich zu einer Veränderung. Auch die paar Minuten für das bisschen Gymnastik, mit dem ich jeden Tag beginne, sind wertvoller als der lange Lauf, zu dem ich mich ohnehin nie aufraffe. Die Askese hilft, in Schwung zu kommen, indem ein größeres Ziel in kleinere Etappen und kleinste Schritte und Handgriffe unterteilt wird, die mühelos zu bewältigen sind. Die Miniportionen verhindern den endlosen Aufschub, die gefürchtete *Prokrastination.* Keine riesige Aufgabe steht vor Augen, die mutlos macht, nur eine kleine, die überschaubar ist. Sich zu überfordern, führt hingegen dazu, die Anstrengung zu scheuen. Alles auf einmal tun zu wollen, mündet alsbald in Kapitulation. Beim Marathonlauf zum fernen Ziel einer realisierten Idee hilft es, sich das Ziel vorzustellen, nicht jedoch, schon dort sein zu wollen, ohne die zugehörigen Schritte zu machen.

Die Methode, mit stetigem Üben das Können zu steigern, ist auf das *Genießenkönnen* als Grundelement der Lebensfreude anwendbar. Sich wie in der japanischen Kultur einem Genuss in allen Details zu widmen, ist zweifellos die schönste Form der Askese. Interessiere ich mich haarklein dafür, wie der Kaffee von der Staude in die Tasse gelangt, habe ich mehr von diesem Lebenselixier. Mit mehr Sinn für die Nuancen und mit größerer Geschicklichkeit verfeinere ich den Genuss und reduziere die routinemäßige Abstumpfung. Es handelt sich um Instrumente eines *asketischen Hedonismus*. Von Bedeutung sind dafür nun auch die Übungen der Zurückhaltung und des zeitweiligen Verzichts. Weniger kann tatsächlich mehr sein, auch beim Kaffee, etwa wenn eine Übersäuerung des Körpers droht:

Ein paar Tage Askese und die frisch justierten Geschmacksnerven sorgen für mehr Genuss als zuvor. Weniger häufig ein tolles Essen zu genießen, steigert den Appetit. Weniger Sex intensiviert das Begehren. Weniger oft zusammen zu sein, ist der Freude daran förderlich. Der Verzicht auf alte Freuden macht neue zugänglich, beispielsweise bei einer Umstellung der Ernährung.

Es ist die Askese, die die Ekstase vorbereitet, immer von Neuem, denn sie ermöglicht, tief einzuatmen für den großen Genuss und die Vorfreude etwas auszudehnen. Die genießerische Zurückhaltung, die *hedonistische Askese*, ist in der Lage, einen Höhenflug in die Länge zu ziehen und selbst auf dem Höhepunkt noch ein paar Momente länger zu verweilen. Jede und jeder weiß aus eigener Erfahrung, dass gerade nach einer Zeit asketischer Abstinenz, freiwillig oder unfreiwillig, eine ekstatische Intensität möglich ist, die ihresgleichen sucht. Insbesondere der Genuss körperlicher Begegnungen, *Fleshmeets*, kann mächtig gesteigert werden, wenn auf eine Weile der Entbehrung die begehrten *Filetstunden* folgen. Mehr Lust durch Askese ergibt sich daraus, dass die Lust, die nicht gleich genossen wird, anschwillt, bis es endlich so weit ist. Schon aus diesem Grund kann der Asket der größte Lustmolch sein.

Anders als viele glauben, ist die Askese also nicht etwa lustfeindlich, ganz im Gegenteil: *Wer Askese kann, hat mehr vom Leben.* Die interessantesten Dinge sind ohnehin nicht immer sofort zu haben. Auf die Befriedigung eigener Bedürfnisse, an der Andere beteiligt sind, warten zu können, lässt ihnen Zeit, bis sie ihrerseits so weit sind. In der Hoffnung, nicht ewig warten zu müssen. Stabilere Beziehungen kommen so zustande. Warten muss dabei nicht heißen, passiv zu bleiben, sondern kann damit einhergehen, Schritt für Schritt an der Verwirklichung zu arbeiten, die erstrebenswert erscheint. Sie hängt nicht nur von günstigen Zufällen ab, sondern auch davon, sich Wissen anzueignen, sich mit Anderen auszutauschen, Durststrecken zu überstehen, Misserfolge wegzustecken, Enttäuschungen zu verarbeiten, soll heißen, sie in Arbeit zu verwandeln, die weiterführt. Wer warten kann, kann viel erreichen.

Asketische Fähigkeiten machen es leichter, auch aus den Auszeiten von Genüssen noch Gewinn zu ziehen. Schaukeln als kleine Kunst der Lebensfreude: Liebesfreuden können erhalten bleiben und gesteigert werden, wenn es gelingt, ein volles Maß an Berührung und Sinnlichkeit einzuüben, auch ohne Sex. Freuden des geistigen Austauschs leben in Zeiten der Zurückhaltung oder Enthaltung erst recht auf. Was Sublimation genannt wird, ist eine *asketische Ekstase*, eine Einübung der Fähigkeit, alle Kräfte auf ausgewählte Objekte, Projekte, Arbeiten und Aufgaben zu richten. Die Freuden des Versinkens in einer Tätigkeit, des Daseins für eine Aufgabe, der Konzentration auf ein Thema, der vertieften Lektüre, des angeregten Gesprächs werden vielleicht jetzt erst erfahrbar. Ohne Rauschmittel berauscht zu sein, ist Trunkenheit ohne Nebenwirkungen.

Unverzichtbar ist die Askese des *partiellen Verzichts*, um mit dem Übermaß an Möglichkeiten in der Welt der Moderne zurechtzukommen. Verzichtenkönnen ist das beste Gegenmittel zur Angst, etwas zu verpassen, »FOMO« genannt, *fear of missing out*.

Nicht nur junge Menschen leiden daran. Wer nicht auswählt, macht sich verrückt. Das betrifft große Fragen wie die Entscheidung für eine Beziehung, um nicht auf zu vielen Hochzeiten zu tanzen, ohne auch nur eine wirklich zu erleben. Vor allem aber betrifft es kleine Fragen im Alltag wie: Was mache ich heute Abend? Ich kann rasch etwas essen gehen, für eine halbe Stunde meinen Freund treffen, zwischendurch ein paar *Posts* absetzen, bei dieser Party noch kurz vorbeischauen, um zum Schluss zuhause vor Netflix-Serien dahinzudösen. Dann habe ich alles Mögliche getan, aber übrig bleibt ein Gefühl der Leere, denn ich war nirgendwo wirklich dabei. Besser, ich entscheide mich für Eines und verzichte auf alles Andere, ohne Reue. Die eine Option wird mich fürstlich belohnen. Oder auch nicht. Klappt nicht immer.

Kann es auch um eine Askese des *dauerhaften Verzichts* gehen? Ja, etwa dann, wenn Genüsse mich selbst oder Andere gefährden. Genussmittel sind Elemente des Schaukelns, um einer unguten Wirklichkeit mit dem, was guttut, wenigstens für einen Moment zu entfliehen und sich in der Tristesse eine neue Freude zu verschaffen. Es ist eine freie Entscheidung, ungute Nebenwirkungen für das eigene Selbst in Kauf zu nehmen. Oder aber den Verzicht einzuüben. Die Grenzen der Freiheit sind erreicht, wenn der eigene Genuss Andere in Gefahr bringt, die keine freie Wahl getroffen haben. Eine einfache Frage kann die Situation klären: »Haben Sie etwas dagegen, wenn ich hier rauche?«

Durchweg ist Askese die Einübung des *richtigen Maßes*. Es sollte nicht mit dem Mittelmaß verwechselt werden, das allenfalls ein statistischer Wert ist, kein real eingehaltenes Maß. Wer aufgrund von Trunkenheit einmal links, einmal rechts in den Straßengraben fällt, schaukelt und trifft statistisch gesehen genau die Mitte. Das richtige Maß aber pendelt sich im Hin und Her zwischen den Straßengräben ein. Zwischen Zuviel und Zuwenig ist der Weg zu finden, der nicht nur durch Untertreibung in Erfahrung zu bringen ist, sondern auch durch maßlose Übertreibung. Wie viel von welchem Genuss tut mir selbst und Anderen definitiv nicht mehr gut? Die Askese als Übung der *Entgrenzung* statt Begrenzung sieht vor, eine Lust über alle Gren-

zen hinauszutreiben, allein oder gemeinsam mit Anderen, freie Wahl vorausgesetzt.
In sexuellen Dingen könnte eine solche Übung darin bestehen, die Frequenz freizugeben, ein abenteuerlustiges Paar hat es gewagt: 100 Tage Sex in Serie, ein wahrhaft großes Abenteuer. Die Überlebenden berichteten öffentlich von neu gewonnener Nähe, aber auch von wunden Stellen, größerer Infektanfälligkeit, gefühltem Überdruss. Das richtige Maß kann also gesundheitlich relevant sein. Es ist nicht per Theorie festzulegen, sondern nur durch die Praxis des Schaukelns in Erfahrung zu bringen. Die Verfassung der Ichs, ja sogar ihre Tagesform nimmt darauf Einfluss. Der Sex, der heute guttut, ist morgen reizlos. Was momentan mundet, schmeckt bald nicht mehr. Auf alle Genüsse zu verzichten, würde jedoch eine reich sprudelnde Quelle der Lebensfreude austrocknen. Der Mensch, der nicht genießen kann, wird ungenießbar.
Das richtige Maß könnte *Suffizienz* sein, also das, was genügt (*sufficit* im Lateinischen), um erfüllt zu sein und sagen zu können: Mehr brauche ich nicht. Nicht das Maximum steht dabei in Frage, das den

Menschen überfordert, sondern das *Optimum*, das am besten zu ihm oder ihr passt. Das lässt sich asketisch erproben. Suboptimal sollte das Maß nicht ausfallen, sonst mangelt es an Freude. Völlig übertrieben auch nicht, sonst wächst mit dem Überfluss der Überdruss. Nur zum Teil hat das richtige Maß mit *Quantität* zu tun. Weit mehr verdankt es sich der *Qualität*, die ein Zuwenig, aber kaum ein Zuviel kennt, sei es beim Essen, bei Wein, Kaffee, Schokolade oder Sex. Wohldosiert bringt der Genuss eine willkommene Abwechslung im Alltag mit sich. Überdosiert kann er zur Sucht verleiten, die zerstörerisch wirkt.

Die kleine Kunst der Lebensfreude umfasst aus all diesen Gründen die Ehrenrettung des angestaubten Begriffs der Askese. Sie bedient sich der Übung, um genießen zu lernen und diese Fähigkeit auszubauen. Mit der Übung der Zurückhaltung und Enthaltung kann sie Genüssen Erholung gönnen und sie in der Folge weiter steigern. Die Übung des partiellen oder dauerhaften Verzichts hilft, sich nicht in zu vielem zu verlieren und auch mal auf andere Arten von Genüssen auszuweichen. Zuletzt gelingt es mit der Übung der Entgrenzung, die eigenen Grenzen kennenzulernen. Und was ist nun das richtige Maß beim Genuss des Schaukelns selbst? Die Erfahrung wird es zeigen. Nicht erlahmen, höher schaukeln. *Level up!*

3. Höhenflug: Die große Begeisterung

Die Mühe, die es gekostet hat, in Schwung zu kommen, wird belohnt von den Freuden der höheren Ebene. Die Anspannung, die der Aufschwung erfordert, geht in die Entspanntheit der fließenden Bewegung über. Der Traum, durchs Leben zu schweben, wird wahr. Die Sinne sind vollkommen wach. Auf ihre Entfaltung ist die Kunst, sich des Lebens zu freuen, angewiesen. Durch die Sinne strömt die Welt lustvoll ein, sobald ich Tür und Tor dafür öffne. Sie sind eine natürliche *Genusswerkstatt*, ich muss nur Gebrauch davon machen. Das genießerische Sehen, Hören, Riechen, Schmecken, Tasten weckt die Begeisterung, die das Leben leichter macht, und sogar zum Sinn des Lebens tragen die Sinnesfreuden einen beträchtlichen Teil bei.

Wie ein Vogel sehe ich von der Schaukel aus die Welt. Darauf kommt es an: Sie zu *sehen*. Schaukeln ist eine Übung des *Sehsinns*, den ich für die Zeit des

Schaukelns von der Fron des Blicks auf Bildschirme befreie. Ich übe mich darin, die Gesichter der Passanten wahrzunehmen, die es amüsiert, dass da einer im fortgeschrittenen Alter noch Freude am Schaukeln hat. Oder sehe ich eine Missbilligung, da ich Kindern (die gar nicht hier sind) die Schaukel vorenthalte? Glimmt womöglich Neid in den Augen, »ich will auch mal«? Bäume, Sträucher und die Fassaden nahe gelegener Häuser erblicke ich, auch den Wolkenzug am Himmel, der sich unentwegt wandelt und für den ich sonst keinen Blick übrig habe, nicht etwa aus Mangel an Zeit, sondern an Aufmerksamkeit. Von Zaunkönighöhe aus gesehen ist die Welt so fein strukturiert, wie sie aus der Perspektive technischer Vögel, die hoch über mir ihre Bahn ziehen, nicht wahrnehmbar ist.
Der Flug auf der Schaukel stimuliert zudem den *Hörsinn*. Ich höre den Wind, der an meinen Ohren vorbeiströmt, teils vorbeiflattert. Selbstverständlich könnte ich die Gehörgänge über AirPods im Ohr mit der Lieblingsmusik von meiner *Playlist* fluten. Aber mit offenen Ohren habe ich mehr von der Welt. Stimmen von Menschen, Laute von Tieren,

Geräusche von Maschinen drängen von allen Seiten heran. Die Enten im nahen Teich veranstalten mehr Krach als die Autos auf der vielbefahrenen Straße. Das spitze, schrille Krächzen stammt von Blässhühnern. Das Gezeter der Spatzen im dichten Buschwerk übertönt die zarten Stimmchen der Blaumeisen, die kopfüber an Zweigen turnen und keine Sekunde still sitzen. Ein paar Krähen gehen in den Baumkronen heftig aufeinander los, »krah, krah, krah«. Es könnte sich aber auch um ihre übliche Lautstärke für Plauderstunden handeln. Sind sie zu zweit unter sich, können sie geradezu zärtlich wispern. Die Welt und alles, was in ihr der Fall ist, spricht auf solche Weise. Es bedarf nur einer Schaukel, um beim Vorbeiflug genauer hinzuhören.

Düfte umwehen meine Nase und ermöglichen mir die Übung des *Geruchssinns*. Ein Hauch von frischer Nässe lässt das nahe Gewässer erahnen, ohne dass ich es sehen kann. Ich tauche tief ein mit der Nase, ein *Nose Dive*, wie Harold McGee das nennt. Weht mich hier oben etwa auch der Duft von Kaffee an? Oder hat er sich nur an meine Lippen geheftet, da ich, bevor ich auf die Schaukel stieg, noch einen *to go* genossen habe? Gerüche sind Ankerplätze für Erinnerungen, die mir in den Sinn kommen, im buchstäblichen Sinne, denn sie erreichen umstandslos den geistigen Sinn, also die Andockstellen der Gedankenwelt. Vergangene Zeiten noch einmal Revue passieren zu lassen: Das ermöglichen Erinnerungen. Während die Moleküle der Gerüche an den Rezeptoren des Riechorgans entlangstreichen, erschnuppere ich in Gedanken eine Meeresbrise mit Möwengeschrei. Für einen Moment befinde ich mich im Urlaub am Meer. Es ist ein *Osmodrama*, das sich auf der Schaukel abspielt, ohne dass die unten Stehenden und Gehenden irgendetwas davon wissen können.

Den *Geschmackssinn* kann ich hier oben nicht direkt üben. Jedenfalls gehöre ich nicht zu den Akrobaten, die freihändig schaukelnd Hamburger, Döner, Pizza und Donut verschlingen. Mir genügt es, in Gedanken weiter beim Kaffee zu verweilen. Kaffee ist mein Kaviar. Alle Menschen brauchen Kaviar, soll heißen selektiven Luxus, aber was genau darunter zu verstehen ist, definiert jede und jeder für sich selbst. Hauptsache, es erfüllt ihn oder sie mit Sinn, beeinträchtigt Andere nicht zu sehr und trägt dazu bei, auch schwierige Zeiten gut zu überstehen. Tag für Tag hilft mir der Kaffee auf die Schaukel, allein schon weil er zum Anlass wird, das Haus für eine Weile zu verlassen, um in Cafés den besten Geschmack ausfindig zu machen. Dort fröne ich dem *Molekulargenuss*. Molekül für Molekül lasse ich den Espresso den Gaumen hinabrinnen. Zweifellos ist es eine Droge, die mich auf Touren bringt, aber das Suchtpotenzial hält sich in Grenzen.

Jetzt muss ich allerdings aufpassen, es mit dem Schaukeln nicht zu übertreiben. Begeisterung neigt zum Überschwang. Treibe ich die Schaukel weiter nach oben, droht ein Überschlag, der wilde Turbulenzen auslösen könnte. Mit beiden Händen umgreife ich die Seile, eine Übung des *Tastsinns*, drücke mit dem Hintern aber nur so viel gegen das Brett, dass es in Schwung bleibt. Ich beherzige die Aufforderung des Zenbuddhismus: Tu, was du tust, mit voller Energie. Zerstreue sie nicht, indem du noch etwas Anderes machst. Ich schaukle, das ist jetzt mein ganzes Sein. Durch die zahllosen Poren der Haut vom Kopf bis zu den Zehenspitzen spüre ich die Berührung der Luftmoleküle. Bei jedem Hin- und Herschwingen tasten sie Gesicht und Hände ab. Ich berühre und werde berührt, also bin ich, *tango tangor ergo sum*. Mehr als das Denken, *cogito ergo sum*, vermittelt mir die Berührung die Gewissheit des Daseins, es ist keine Illusion. Eine weniger angenehme Berührung bekräftigt das. Der Hintern tut mir allmählich weh. Bis auf Weiteres kann ich mir jedoch sagen, dass es sich dabei um eine Verstärkung des Gefühls der Existenz handelt.

Die Bewegung des Schaukelns macht auch den sechsten Sinn erfahrbar, den Forschungen der Neurobiologie ergänzend zu den bekannten fünf Sinnen zum Vorschein brachten. Der *Bewegungssinn* koordiniert im Gehirn sämtliche Regungen des Körpers, die sogar bei einem so simpel anmutenden Bewegungsablauf so komplex sind, dass Neuronen und Synapsen in den verschiedensten Hirnregionen aktiviert werden. Auch sie üben beim Schaukeln, um dann weiteren Rechenoperationen des Gehirns zur Verfügung zu stehen, zum Beispiel dem Nachdenken. Das Gehirn braucht, wie alle Organe, für seine Aktivitäten Sauerstoff. Die Bewegung versorgt es damit, ohne dass ich darüber bewusst entscheiden müsste. Für den, der weiß, wo die Schaukel hängt, ist es kein Problem, wenn Bildschirme, Rolltreppen, Autos, E-Bikes und Scooter ihn unentwegt dazu verlocken, auf eigene Bewegung zu verzichten. Die Schaukel ruft? Ich folge ihr.

Und was spüre ich jetzt? Selbst für den berühmten siebten Sinn ist eine Verankerung in Hirnstrukturen nachweisbar: Der *Spürsinn* nimmt die Spuren auf, die aus dem Körperinneren und der Umgebung stammen und wertvolle Informationen über Innen- und Außenwelt übermitteln. Das »Bauchgefühl« ist keine Erfindung, vielmehr sammeln insbesondere im Bauchraum zahllose biologische Antennen in jedem Moment Abertausende von Messdaten und leiten sie zur Verrechnung an das Gehirn weiter. Schwierig ist, wie immer bei Daten, ihre Deutung: Wie geht es mir? Wie geht es Anderen? In welcher Beziehung stehen wir zueinander?

Ist alles gut oder gibt es Unstimmigkeiten? *Es singt* in mir, das ist ein gutes Zeichen. Schrillt in mir eine Alarmglocke, muss ich mich fragen, wo es brennt. Es hilft nichts, ein gewöhnlicher *Data Scientist* zu sein. Es bedarf vielmehr einer Kunst der Interpretation, die wiederum auf dem Gespür für vielerlei Spuren beruht. Die Erfolgsquote zutreffender Interpretationen erhöht sich mit den Erfahrungen. Die aber brauchen Zeit und etliche Irrtümer, aus denen ich allmählich etwas lernen kann. Rückfragen bei mir selbst und Anderen führen auf die richtige Spur.

Mit allen wachen Sinnen wird das Schaukeln zur *pansensuellen* Erfahrung. Schon sieht die Welt ganz anders aus. Die einzige Voraussetzung dafür ist die Bereitschaft, sich begeistern zu lassen. Dann tun die aufwallenden Hormone ihr Werk, zaubern Schmelz in die Stimme, lassen energiereiche Blitze aus den Augen zucken, stellen die Nase auf Empfang für Düfte, öffnen die Poren der Haut flächendeckend für Berührungen, versetzen steife Hüften in rhythmische Bewegungen und den trägen Geist in gedankliche Schwingungen, deren Geschmeidigkeit sich einer Überschwemmung der Neuronen mit hormonellen Gleitmitteln verdankt. Die multiplen Höhepunkte auf der weit ausschwingenden Schaukel erneuern das Ich physisch, psychisch und geistig von Grund auf, wie guter Sex.

Geht das auch ohne Schaukelbrett? Ja, jede Abwechslung im alltäglichen Einerlei ist eine Schaukelbewegung. Jede Gelegenheit zur Entfaltung der Sinnlichkeit, jedes Draußensein, jedes Gefühl, endlich obenauf zu sein, jeder geistige Höhenflug ist in der Lage zu begeistern. Ist keine reale Schaukel zur Hand, lasse ich wenigstens meine Lesebrille schaukeln.

Immer schaukeln Gefühle und Gedanken mit. Sie bewahren die gegensätzlichen Pole, schaukeln sich zur Zuversicht hinauf und zur Niedergeschlagenheit hinab, pendeln zwischen dem Hoch der Weitsicht und dem Tief der Aussichtslosigkeit. Am häufigsten machen sie sich in Launen bemerkbar. Es ist besser, mit ihnen mitzuschaukeln, statt sich gegen ihren Schwung zu stemmen. Beim Aufschwung der Gefühle fällt das leicht, es ist so schön, noch mehr davon! Sollte ich mich besser jetzt schon darauf vorbereiten, dass auch wieder ein Abschwung zu erwarten ist? Aber warum die tollen Gefühle nicht länger festhalten, am besten für immer?

4.
Ganz oben: Den Moment des Erfolgs genießen

Erfolgreich habe ich die Schaukel in die Höhe getrieben. Es ist ein gutes Gefühl, es geschafft zu haben, auf der Schaukel und vielleicht auch im wahren Leben. Schwere ist unten. Oben ist Leichtigkeit. Mit minimalem Einsatz kann ich die Höhe halten. An beiden Scheitelpunkten des Schaukelflugs drücke ich nur ein klein wenig gegen das Brett und koste dann wieder den Schwung aus, der sich aufgrund der Höhe ganz von selbst ergibt. So lange wie möglich will ich den Erfolg genießen, bevor sich, wie üblich, wieder ein paar Fragen stellen.

Erfolg ist das Zauberwort der modernen Gesellschaft und Wirtschaft. Aber geht es im Leben wirklich um Erfolg? Um welchen Erfolg? Herrlich ist der Erfolg, eine Prüfung zu bestehen oder auch nur das Teilstück eines Projekts zu bewältigen, erst recht, ein großes Vorhaben oder eine schwierige Lebenssituation zu meistern. Es kann ein episodischer oder epochaler Erfolg sein, ein privater Erfolg, von dem nur ich und ein paar Andere wissen, oder ein öffentlicher Erfolg, den viele bestaunen oder beneiden. Sensationell ist der Erfolg, etwas gewagt zu haben, was noch niemand wagte, etwas zu erforschen, was noch niemand erforschte.

Erfolg ist, wenn etwas gutgeht, was auch hätte schiefgehen können. Ideell und materiell bringt er mit sich, was Menschen sich wünschen: Gelingen von allem, was sie beginnen, Zugang zu allem, was in ihren Augen schön und bejahenswert ist, viel Glück im Leben und in der Liebe, sinnvolle Arbeit, viel Freizeit, viele *Likes* für einen *Post*. Oft sind ideelle und materielle Dinge nicht zu trennen. Eine erfolgreiche Familiengründung fällt leichter mit materiellen Gütern. Die wiederum sind mit Tätigkeiten zu erwirtschaften, die nicht immer nur Freude machen. Weil es eine große Sehnsucht nach Erfolg gibt, haben Erfolgsbücher Erfolg. Würden sie aber wirklich zum Erfolg verhelfen können, müsste das Land schier bersten vor erfolgreichen Menschen. Was ist nötig, um Erfolg zu haben, welcher Art auch immer?

Alle bieten Erfolgsformeln an, ich auch: *Folge deiner Faszination*. Sie setzt enorme Energien frei und bringt sehr viel Erfüllung mit sich. Sollte sie sich nicht mit deiner aktuellen Tätigkeit vereinbaren lassen, suche nach einer anderen oder führe irgendwie eine Konstellation herbei, die dir das Leben ermöglicht, das dich am meisten begeistert.
Hoffentlich springen Andere dir bei, denn das ist bereits Erfolgsformel Nummer zwei: *Niemand geht den Weg zum Erfolg alleine*. Alle sind angewiesen auf Andere, die ihnen wohlwollen. Zwar neigen erfolgreiche Menschen dazu, alles sich allein zuzurechnen. Aber spätestens beim Älterwerden erinnern sie sich im Rückblick an diejenigen, die ihnen in wichtigen Momenten weiterhalfen. Unvermittelt tauchen Fragen auf: Habe ich mich eigentlich jemals dafür bedankt? Sollte ich nicht auch der ganzen Gesellschaft etwas zurückgeben, die mir gute Bedingungen bot?
Sei dir außerdem bewusst: Niemand gelangt auf direktem Weg zum Erfolg. Daher die Erfolgsformel Nummer drei: *Scheue keinen Umweg*. Umwege machen klüger. Auf meinen eigenen Wegen wusste

ich nicht immer, dass es Umwege sind. Ich machte dies und jenes, bis ich bemerkte, dass ich so weiterkommen konnte. Umweg kann auch heißen, ein paar Schritte zurückmachen zu müssen. Ich habe es jedes Mal gehasst, aber ich habe es akzeptiert, und von Mal für Mal führte auch das weiter. In neuen Situationen sind außerdem oft alte Fähigkeiten wieder gefragt. Nichts ist vergeblich. Alles ist irgendwann wieder zu gebrauchen.

Erfolg ist im Übrigen selten der eine große Wurf. Unmöglich, alles auf einmal zu erledigen. *Wenig, aber stetig*, das ist Erfolgsformel Nummer vier. Schrittchen für Schrittchen geht es voran, bis sich zeigt, was der Erfolg zu bewirken vermag. Das ganze Leben gewinnt an Dynamik. Erfolg macht froh und beflügelt. Entscheidend aber ist die Beharrlichkeit. *Nulla dies sine linea*, kein Tag soll vergehen, ohne wenigstens eine Linie zu ziehen, erinnerte sich der Zeichenkünstler Paul Klee in seinen Tagebüchern (März 1908) an einen alten Ausdruck.

Bleibt noch die wohl wichtigste, fünfte Erfolgsformel, von der freilich kaum jemand etwas wissen will: *Misserfolg*. Aus ihm ist viel zu lernen. Begegne ich Menschen, bei denen es nach außen hin so aussieht, als seien sie ohne Unterlass erfolgreich, erzählen sie im Laufe des Gesprächs von den Misserfolgen und Rückschlägen, die nie jemand sieht. Die werden zum Anlass, zu zweifeln und zu verzweifeln, dann aber zu reflektieren, was falsch gelaufen ist, um mehr Sensibilität zu gewinnen und die fragliche Sache besser zu durchschauen, sich immer wieder neu zu fragen, ob das Ziel das richtige ist und ob die Erfüllung der Aufgabe weiter angestrebt werden soll. Sollte es besser ein anderes Ziel, eine andere Aufgabe sein?

Und wie kommt man aus einem deprimierenden Tief heraus? Was heilt die Wunden, die aufgerissen worden sind? *Resilienz* ist von Vorteil, Biegsamkeit, um sich nicht von Misserfolgen brechen zu lassen, sondern es wieder und anders zu versuchen, bis daraus etwas wird, *from worst to first*. Resilienz kann eine genetische Disposition sein oder sich einem günstigen sozialen Umfeld verdanken. Aber auch dann, wenn es daran fehlt, steht Erfolgen im Leben nichts im Weg, wenn die Sehnsucht groß ist, sich aus schwierigen Verhältnissen herauszuarbeiten.

Schon Kinder können sich in einem ungünstigen Umfeld behaupten, wie die Resilienzforschung zeigt. Sie brauchen dafür bestärkende Beziehungen, und wenn nicht zu den Eltern, dann zu Großeltern, Freunden, Freundinnen, Lehrenden oder anderen hilfsbereiten Menschen. Auch ein wertvolles Beispiel (*best practice*) vor Augen zu haben, wie Andere mit Rückschlägen und Misserfolgen zurechtkommen und Gegensätze integrieren können, trägt zur Resilienz bei.

Klar, ich kann gut Reden schwingen auf meiner Schaukel. Aber von hier oben ist auch klarer zu sehen, was Menschen unter widrigen Bedingungen den nötigen Schwung fürs Leben verleiht. Beispielsweise die Fähigkeit zur Abtrennung, zur *Dissoziation*, wie Therapeuten das nennen. Auch das ist ein Schaukeln: Aus einer bedrückend engen Umgebung in eine projizierte Weite hinausschaukeln zu können. So sind die Kräfte für ein besseres Leben zu sammeln und es wird möglich, etwas Anderes zu entwickeln als das, was im angestammten Umfeld üblich ist. Was weiterhilft, sind Fragen an sich selbst: Was sind meine Stärken, die ich ausbauen kann? Was sind meine Schwächen, die ich akzeptieren muss? Was kann ich an mir und meinen Fähigkeiten verbessern, ohne dem Drang zur Perfektion zu erliegen, der zwangsläufig Enttäuschung produziert? Wer oder was kann mich unterstützen, wen kann ich dafür gewinnen?

Stellt sich tatsächlich Erfolg ein, zeigen sich dessen Schattenseiten. Es ist schwierig, Erfolg zu haben, aber ebenso schwierig, damit zurechtzukommen, und noch schwieriger, von ihm wieder loszukommen. Erfolg zu haben ist das Eine, ihn zu bewältigen das Andere. Das süße Gift des Erfolgs ist der Glaube, dass es ewig so weitergeht. »Erfolg ist ein schlechter Lehrer«, sagt einer, der es wissen muss. »Er verführt kluge Leute dazu zu glauben, sie könnten nicht verlieren.« (Bill Gates) Es liegt nahe, sich auf der Schaukel des Lebens zurückzulehnen, wenn die Bewerbung für den idealen Job erfolgreich war. Ist damit nicht schon alles getan? Oder wenn der Mensch fürs Leben glücklich gefunden wurde: Wozu sich weiter um ihn bemühen? Und schon findet sich das Ich einsam und verlassen in der Landschaft des Lebens wieder.

Erfolg und die Folgen: Das größte Problem des Erfolgs ist der Erfolg selbst, denn er macht leichtsinnig und überheblich. Man glaubt, irre stark zu sein, und wird genau dadurch schwach. Erfolg kann den Charakter deformieren. Die Erfolgreichen neigen dazu, auf die Nicht-Erfolgreichen herabzusehen. Wachsende soziale Desensibilisierung untergräbt jedoch das gesellschaftliche Zusammenleben, das die oft verkannte Bedingung dafür ist, überhaupt Erfolg haben zu können. Eine Gesellschaft ist in Gefahr zu zerfallen, wenn zu viele erfolgreiche Menschen nicht für Andere mitsorgen wollen und ihre Gelder lieber in Steuerparadiesen vergraben, wo sie zum Wohlstand in der Heimat nichts beitragen.

Dass der Erfolgreiche sich alles leisten kann, ist dabei hinterrücks ein Problem für ihn selbst. Denn es läuft darauf hinaus, dass alles an Wert verliert. Wert gewinnen Dinge dadurch, dass sie nicht umstandslos zu haben sind. Auf eine größere Reise hinarbeiten zu müssen, um sie irgendwann realisieren zu können, vergrößert ihre Bedeutung. Ist sie sofort zu buchen, um schon gleich loszufliegen, bedeutet

sie hingegen nicht mehr viel. Für den, der ohne jede Anstrengung, ohne längere Vorfreude Geld ausgeben kann, wird das Geld selbst wertlos.
Und was noch problematischer ist: Erfolg entwertet Beziehungen. Haben sie sich nicht schon lange unter allerlei Umständen bewährt, kann der Erfolgreiche nicht sicher sein, ob der oder die Andere gerne mit ihm zusammen ist oder nur, weil er eben der *Winner* ist, der über nützliche Ressourcen verfügt und ausgenutzt werden kann. Verwundert reibt er sich die Augen: »Wo kommen all die vielen Freunde her, die neulich noch nicht da waren?« Bei jedem Freund, jeder Freundin, erst recht in der Partnerschaft, stellen sich für den Erfolgsmenschen die Fragen: Ist es wahre Freundschaft, wirkliche Liebe oder nur Fake? Ist der oder die mit mir zusammen oder mit meinem Besitz, meinem Einfluss, meinem Geld?
Entscheidend wäre jetzt, Familie und Freunde zu haben, die in der Lage sind, das Ich von seinen Schaukelhöhen wieder auf den Boden zurückzuholen. Sonst nehmen die Dinge ihren Lauf. Der Erfolgreiche untergräbt seinen Erfolg, indem er sich

zu sehr daran berauscht. Gerade dann, wenn ihm überheblich zumute ist und er sich unverletzlich, unantastbar wähnt, schleicht etwas um die Ecke, das ihn zu Fall bringt, ein Misserfolg, eine Erkrankung, eine politische Wende. Oder alles kehrt sich um, ohne dass ein Grund dafür erkennbar ist. Kenne ich es nicht selbst? Prompt geht es bergab. Genau in dem schwerelosen Moment, in dem ich dachte, ich könnte für immer oben bleiben, beginnt eine unsichtbare Bremse zu wirken, die die Schwere wieder fühlbar macht. Der Schwung lässt nach, ohne dass ich dagegen ankomme.

5.
Abschwung:
Ein flaues Gefühl im Magen

Es ist nicht unbedingt schon Erschöpfung, eher ein Gelangweiltsein. Es ist langweilig, immer nur oben zu sein. Kraft kostet es auf Dauer auch. Natürlich kann es nicht ewig vorhalten, wie sollte es anders sein! Aber wie soll es jetzt weitergehen? Es steht noch kein Abstieg an, aber die Ahnung macht sich breit, dass es von oben prinzipiell nur nach unten geht. Wer oder was oben ist, tritt unweigerlich wieder den Weg nach unten an, Gesetz der Schwerkraft in der Physik wie auch im menschlichen Leben. Immerhin bin ich weiter in Bewegung und muss nicht gleich vom Brett rutschen, aber klar ist: Das Gewicht der Wirklichkeit wartet unten. Zum hellen Auflachen wie beim ersten Aufschwung ist mir nicht zumute. Zieht nicht auch der Himmel sich gerade zu? Der Hintern schmerzt jetzt ernsthaft, ich muss darauf reagieren.

Eine Pause ist angesagt. Pausen stellen sich auch

ohne Zutun ein. Sie können übergangen und übersprungen werden, ratsamer aber ist, sie zu akzeptieren. Untrügliche Indizien weisen mich darauf hin, dass Körper, Seele und Geist Atem schöpfen müssen. Ein flaues Gefühl ergreift Besitz von mir. Selbst beim reduzierten Vor- und Zurückschaukeln kaum bis zu einem halben Meter Höhe hebt sich mangels Körperspannung der Magen, und ein flatterndes Gefühl erfasst die Eingeweide. Beim kraftvollen Hin und Her aus voller Höhe war das ein angenehmer Kitzel, nun ist es ein Zwischenzustand, zwar keine Übelkeit, aber auch kein Wohlsein mehr. Mich überkommt das ungute Gefühl, dass die geringste Steigerung dazu führen könnte, mich übergeben zu müssen. Wer oder was kann mich retten?

Vielleicht die Einsicht, dass auch das ein Element des Schaukelns ist. Ohne dass ich mich dafür anstrengen muss, kippt der kraftvolle, erfolgreiche Aufschwung in einen kraftlosen, loserhaften Abschwung. Es kann halt nicht immer alles nur toll sein, die schönste Liebe nicht, das spannendste Leben nicht, das Schaukeln selbst ebenfalls nicht.

Die erfreulichsten Genüsse hebeln die *Polarität des Lebens* nicht aus. Das Problem ist nur, dass mir, wie vielen Anderen, lediglich der positive Pol von Wohlfühlglück und Lebensfreude willkommen ist, unwillkommen der negative Gegenpol, der unglücklich macht. Der aber lässt sich nicht abschaffen. Viele haben es versucht, Einzelne, Paare, Gruppen und ganze Gesellschaften (Sozialismus!). Alle sind gescheitert. Das zeugt von der Vergeblichkeit des Unterfangens. Bestenfalls gelingt es, die andere Seite des Lebens einzudämmen und abzumildern.

Alle Menschen kennen die allgegenwärtigen Gesichter der Polarität: Freude und Ärger, Harmonie und Zwist, Ruhe und Unruhe, Lust und Schmerz, Gesundheit und Krankheit, Schönes und Unschönes, Erfolg und Misserfolg, Sinn und Sinnlosigkeit. Widersprüchliche Versionen des eigenen Ich werden dabei erfahrbar, immer *phasenweise*, sei es in kurzzeitigen Miniphasen, längeren Midiphasen, lang anhaltenden Maxiphasen. Mal erlebe ich herrliche Zeiten, mal traurige. Stille folgt auf den Sturm, auch bei Leidenschaften. Nach einer Phase der Ruhe erfasst mich Unruhe. Eben war ich noch freudig gestimmt, jetzt packt mich der Ärger. Das Leben spielt sich ohne Unterlass in Phasen ab, und jede Phase erweckt den Eindruck, sie werde für immer bleiben. Aber die Phasen wechseln wie das Hin und Her auf der Schaukel. Hinauf ist eine Phase, hinab eine andere. Das ist der Rhythmus des Lebens. Nur die Beständigkeit des Lebens durch die Phasenwechsel hindurch erzeugt den Eindruck von Konstanz und Kontinuität.

Schaukeln ist das, was immer geschieht. Aber das Leben ist keine Hollywoodschaukel. Das zeigt sich in der psychischen Verfassung von Menschen, die zwischen euphorischen und depressiven Zuständen hin- und hergeworfen werden. Dafür von einem Schaukeln zu sprechen, könnte als Verharmlosung verstanden werden, aber in vielen Fällen ist es vitale Normalität, keine »bipolare Störung«. Dass das Hin und Her zwischen Aufschwung und Ausgepowertsein typisch für das Menschsein ist, ergibt sich daraus, dass jede und jeder von solchen Erfahrungen berichten kann. Wer oder was hat das so eingerichtet? Vermutlich die Evolution. Es könnte sich im Laufe der Zeit von selbst so eingependelt haben, da das Leben, um sich zu erhalten und zu steigern, der Spannung bedarf. Die erfordert Unterschiede und gegensätzliche Pole, ähnlich wie die Elektrizität.

Seele und Körper sind gleichermaßen darauf eingestellt. Die physiologischen Gründe fürs Schaukeln könnten banaler kaum sein. Der freudige Zustand profitiert von vollen Speichern an Hormonen wie Serotonin, Dopamin, Noradrenalin. Je größer die Freude, desto eher werden jedoch diese Stoffe verbraucht. Als wäre ein Aus-Schalter betätigt worden, sind die tollen Gefühle plötzlich weg. Die Speicher müssen von Neuem aufgefüllt werden. Was über freudlose Zeiten hinweghilft, ist die Disziplin, die eingeübt wird, eine Form der Askese, um beispielsweise an einer Arbeit dranzubleiben, auch wenn sie momentan »keinen Spaß macht«. Es ist möglich, den Prozess abzukürzen und mit rasch wirkenden, oft künstlich erzeugten Stoffen, Drogen und Aufputschmitteln mehr Lust aus sich herauszupressen. Aber kann so eine *Lustwut* noch etwas mit der kleinen Kunst der Lebensfreude zu tun haben? Selbst

wenn physiologische Füllhöhe und psychische Befindlichkeit immer auf gleichem Niveau zu halten wären, natürlich immer gleich freudig, könnte wohl nur leblose Statik die Folge sein. Besser weiterschaukeln. Das aber heißt, außer Hochs auch Tiefs zu erleben.
Die Kunst, sich des Lebens zu freuen, beruht auf dem Wissen von der Polarität des Lebens. Die Bereitschaft, sie grundsätzlich zu akzeptieren, ermöglicht das *Mitschwingen* als Methode. Auch Ablehnung ist möglich, hat aber nicht das Ende allen Schaukelns zur Folge, nur das Ende aller Leichtigkeit. Auf der Basis der Akzeptanz bin ich imstande, mich je nach Phase in Geduld und Gelassenheit zu üben, um in der nächsten Phase Ungeduld und Unruhe besser ertragen zu können. Aktuell übe ich mich auf meiner Schaukel allerdings darin, den Durchhänger auszuhalten, schweigsam zu sein und das Reflektieren weitgehend einzustellen, um Kräfte zu sparen. Jetzt ist nicht die Zeit, Projekte im Kopf zu jonglieren, auch die Sinne müssen pausieren. Im Moment setzt sogar der Sinn des Lebens aus, von dem ich doch gerade eben noch überzeugt war.

Ist nicht in Wahrheit alles sinnlos? Sinnlosigkeit ist immer verbunden mit Kraftlosigkeit, das weiß ich, hilft mir jetzt aber nichts. Ich bin dem Zustand ausgeliefert.
Mein Problem ist, dass ich schlaff in den Seilen hänge. Antriebslos pendelt mein Körper mit der Schaukel umher. Keine entschlossene Bewegung ist möglich. Das Brett schlingert und verkantet sich mal zur einen, mal zur anderen Seite hin. Es ist mir klar, dass das nach außen kein gutes Bild abgibt, aber ich kann jetzt nicht darüber besorgt sein, was Andere über meine Art zu schaukeln denken. Verlassen will ich das Brett auch nicht, um nicht sinnlos unten herumzustehen und womöglich anstrengende Konversation machen zu müssen. Ich versuche den Eindruck zu erwecken, tief in Gedanken versunken zu sein, bei denen ich unmöglich gestört werden darf, da sonst eine wertvolle Idee verlorengehen könnte. In Wahrheit habe ich gar keine Ideen, jedenfalls keine nennenswerten. Es wäre zu mühsam, in dieser Situation auch noch an etwas Bestimmtes zu denken. So hängen die inexistenten Ideen ähnlich wie die real existierenden Körper-

teile nur herum und können sich zu nichts aufraffen. Ich will nicht weiterschaukeln, aufhören aber auch nicht. Wie lange soll das so weitergehen?

6.
Neuer Schwung: Andere kommen zu Hilfe

Neue Kräfte wären mir willkommen. Ich blicke umher. Könnten vielleicht …? Dort steht meine Frau, sie sieht es, sie macht es, auch meine Tochter stünde bereit. Liebende, Kinder, Eltern, Freunde und andere wohlmeinende Menschen können im Abschwung zu neuem Schwung verhelfen. Jeder und jede weiß aus Erfahrung, wie stark er oder sie sich bereits gemeinsam mit einem einzigen Anderen fühlt. Jede Gemeinschaft, und sei sie noch so klein, setzt immense Energien frei. Wechselseitig halten zwei sich den Rücken frei und geben dem je Anderen den Anschwung, dessen er oder sie in mancher Situation bedarf. Auf der Schaukel ist das direkt erfahrbar. Der oder die vertrauenswürdige Andere postiert sich hinter dem Rücken des Schaukelnden, der sich nicht sorgen muss, was hinter seinem Rücken geschieht. Bei nächster Gelegenheit bin ich derjenige, der ihm oder ihr neuen Schwung verleiht. Jede und jeder schaukelt für sich allein, ausdauernder aber mithilfe Anderer.

So entsteht Sinn: Durch die Verbundenheit mit Anderen. Wenn Sinn dort ist, wo Beziehung ist, generiert das Schaukeln mit wechselseitigem Beistand sehr viel Sinn im Leben. Es bestärkt die Beziehung zueinander zum ersten Mal oder immer wieder von Neuem. Dabei ist der bereitwillige Anschwung für den Anderen (*alter* im Lateinischen) keineswegs nur ein altruistischer Akt. Auch das Ich hat etwas davon, denn der Andere wird den Liebesdienst nicht vergessen. Ist er nicht heillos egoistisch auf sein *Ego* bezogen, wird er den Schwung irgendwann zurückgeben. Vielleicht sofort, vielleicht später, nicht etwa nur bezogen auf die Schaukel im Park, sondern auch auf die Schaukel des Lebens, auf der immer wieder mal eine schwierige Situation zu bestehen ist.

So wichtig die Selbstbeziehung des Ich, sein *Selbstsinn* ist, so sehr entsteht aus der Erfahrung, etwas füreinander tun zu können, *Gemeinschaftssinn*. Auf der Schaukel fürs Leben lernen: Das gemeinsame Schaukeln zwischen den unterschiedlichen Phasen und gegensätzlichen Polen des Lebens befestigt Beziehungen.

Umso eher helfen Andere, wenn ich ihnen meinerseits schon einmal beigesprungen bin. Eine *soziale Schaukel*, ein verlässliches Hin und Her des Helfens über längere Zeiten hinweg, bringt Schwung ins ganze Leben. Aus diesem Grund ist die normative Empfehlung der Positiven Psychologie, sich von negativ belasteten Menschen »nicht herunterziehen zu lassen«, so unsinnig. Irgendwann bin unweigerlich ich selbst derjenige, der darauf hoffen muss, dass Andere nicht das Weite suchen, wenn ich von der Schaukel zu fallen drohe. Es ist großartig, miteinander Spaß zu haben, aber entscheidend fürs soziale Leben ist, nicht wegzulaufen, wenn Andere niedergeschlagen sind. Oder fehlt es etwa dem Ich an Kraft dafür?

Zuweilen sieht das Schaukeln immerhin vor, eine Pause in der Beziehung zu Anderen einzulegen. Füreinander da zu sein, ist schön. Für sich selbst da zu sein, ist die Basis dafür. Daher ist es sinnvoll, sich zwischendurch ein wenig voneinander zu entfernen, statt immerzu aufeinanderzusitzen. Das

Hin und Her zwischen den Phasen macht es möglich, sich beim Zusammensein zu verausgaben, um sich beim Rückzug auf sich selbst wieder zu erholen. Wegzugehen, um wiederzukommen. Aus Gesprächen anderswo Anregungen aufzunehmen, die vielleicht vermisst wurden, und mit frischer Energie zurückzukehren. In der Weite neuen Schwung zu holen, um in der Nähe wieder ein kraftvoller, zuversichtlicher Gefährte fürs Leben zu sein. Das Pausieren auch dem Anderen zuzugestehen, der das genauso braucht, um etwa dem erfüllenden, aber ebenso anstrengenden Familienleben für eine Weile zu entfliehen (»ich kann nicht mehr, übernimm du mal«). Wer aber alles alleine stemmen muss, kann hoffentlich Freunde, Verwandte, Bekannte oder Nachbarn darum bitten, ihm oder ihr ein zeitweiliges Wegschaukeln zu ermöglichen.

Jetzt ist die Schaukel wieder voll in Schwung. Es ist der reinste *Selbstgenuss* dort oben in der Höhenluft. Schon ein paar Minuten des unbeschwerten Frohseins auf der Schaukel können Wunder bewirken, die ich denen verdanke, die mir das gönnen und selbst auf dem Boden bleiben. Viele von ihnen stehen gar nicht da unten. Es bedarf nicht unbedingt der physischen Präsenz einer unterstützenden Person. Die Gewissheit, dass es sie gibt, reicht bereits aus. Und es sind nicht etwa nur Nahestehende, sondern entgegen einer verbreiteten Meinung viele Menschen, die fast jederzeit und überall zu einer Hilfestellung im Leben bereit sind. Ohne freundliche Andere, die Verständnis haben und dem Ich großzügig den Rücken stärken, kann niemand leben und arbeiten. Viele haben Freude daran, einem Menschen weiterzuhelfen, ohne eine Gegenleistung im Sinn zu haben. Erwarte ich selbst etwa eine Gegenleistung, wenn ich einem Ortsunkundigen den Weg erkläre? Ich freue mich gerade beim Unterwegssein über jeden Moment des persönlichen Austauschs, der in fremder Umgebung besonders guttut. Vielen Anderen geht es genauso. So entsteht die Wechselseitigkeit der Freude auch zwischen Menschen, die sich nicht kennen.

Wechselseitigkeit mit vertrautem Austausch über lange Zeiten hinweg aber offerieren die Beziehungen zwischen Freunden und Freundinnen. *Freundesfreuden* verdanken sich den vielen Gelegenheiten, schöne Zeiten miteinander zu verbringen, sich die neuesten Geschichten zu erzählen, Sorglosigkeit und Sorgen zu teilen und sich bei einer momentanen Aufgeregtheit in der ruhigen Vertrautheit miteinander wieder abzuregen, Verständnis beieinander zu finden und, wenn nötig, auch Trost. Eine Schaukel ist in der Freundschaft fest installiert. Problemlos ist es möglich, zueinander hin- und voneinander wegzuschaukeln. Freunde und Freundinnen können weggehen ohne Ansage, wann genau sie wiederkommen. Bei aller Verbundenheit bleiben sie vollkommen frei. Die Freundschaft selbst schaukelt zwischen guten und schlechten Zeiten. Bei Zwistigkeiten und Missverständnissen ist es nach einer Weile des Wegschaukelns so, als wäre nichts gewesen. In der Erinnerung zählen nur die tollen gemeinsamen Erfahrungen, die lange nachklingen, viele davon ein Leben lang. Wie reizvoll es ist, sich beim Blick zurück daran zu erinnern, »was wir schon alles erlebt haben«! Auch problematische Episoden will dann keiner mehr missen: »Weißt du noch, damals?«

Die Freundschaft kann sogar dazu beitragen, die

Liebesschaukel in Schwung zu halten. Schaukeln können sollte die Liebe zwischen Romantik und Pragmatik, zwischen Gefühlsbestimmtheit und Alltagserfordernissen. Phasenweise pendelt sie zwischen dem (hoffentlich) immer neuen Aufschaukeln von Hormonen, das die Liebesfreuden so genussreich macht, und deren zeitweiligem Nachlassen und Aussetzen, das stets aufs Neue irritierend ist. Pausiert die Intimität, kann die Freundschaft die Liebenden auffangen, sei es die Freundschaft miteinander oder eine Beziehung der Freundschaft mit Anderen. Statt des Zusammenseins überdrüssig zu werden, können die Liebenden bei Freunden und Freundinnen den Abstand gewinnen, der sie einander wieder näher bringt. Das Hin und Her zwischen der Nähe, die wohlige Geborgenheit vermittelt, und der Distanz, in der jede und jeder wieder eigenen Tätigkeiten und Projekten nachgeht, ist auf diese Weise besser zu bewerkstelligen. Sich auf jede Weise aufs Schaukeln zu verstehen, ist das Geheimnis einer länger währenden Beziehung. Und eines kreativen Geistes.

7. Die Gedanken fliegen lassen: *Flow* und *Trance*

Wenn ich so freundlich in Schwung gehalten werde, bedarf es keiner eigenen Anstrengung mehr. Glücklicherweise auch keiner großen Mühe des Anderen. Es genügt ein sanfter Schubs an meiner Schulter oder ein kleiner Klaps auf den Hintern beim Abschwung vorwärts, um mir für den nächsten Aufschwung vorwärts den *Drive* zu geben, der ausreicht, um wieder zurückzuschwingen, übergehend in Aufschwung rückwärts, dann wieder Abschwung vorwärts, mit Klaps …, ein *perpetuum mobile*. Jedenfalls, solange der Andere mitspielt.
Ich verspüre nicht länger den Drang, den Schwung zu forcieren und das Brett emporzutreiben, um unerhörte Höhen zu erreichen. Umso mehr kann ich die Gedanken fliegen lassen. Die kleine Kunst der Lebensfreude ist jetzt der *Muße* gewidmet, der langen Weile, die fern von Langeweile ist. Die Mußefreude ist ein *Seinsgenuss*. Ich verlasse meine

gewohnte Welt und fange an, in einer anderen zu leben, in der ich frei von Zwängen einfach nur da bin. Keine Aufgaben sind zu erledigen, keine Zwecke zu erfüllen, keine Ziele zu erreichen. Nichts muss nützlich sein, alles darf sein, wie es ist. Später wird es wieder anders sein, aber das ist mir jetzt egal. Es ist schön zu leben, es macht Freude zu sein. Das muss *Flow* sein, der Fluss, der fließt. Guter Fluss des Lebens, *euroia biou*, war das nicht im antiken Griechenland die philosophische Formel des Glücks? Schaukeln ist *viben*, die guten *Vibes* zu spüren, die Vibrationen, die in der Luft liegen, ein kaum wahrnehmbares Raumzittern. Ich fühle mich in eine *Trance* versetzt, in der ich mich und meine Umgebung völlig vergesse. Es ist, als würde ich in den Schlaf geschaukelt, der die Erholung von aller Mühsal ist. Die Sinne sind weit offen, aber ich nehme gar nichts wahr. Ich bin in Gedanken, und doch bin nicht ich derjenige, der denkt. *Es*, das Denken, denkt selbst. Es denkt kreuz und quer. Mein Beitrag ist nur, mich nicht bei einem bestimmten Gedanken aufzuhalten, sondern mich dem Prozess anheimzugeben. Was daraus resultiert, ist das, was

Kreativität genannt wird, schöpferisches Sein. Die Schöpfung (*creatio*) besteht aus einer wilden Verknüpfung der Neuronen im Gehirn mithilfe von Synapsen, die ihre Fühler nach allen Seiten hin ausstrecken, alle möglichen und unmöglichen Verbindungen ausprobieren, das Entlegenste miteinander verknüpfen und beispielsweise eierlegende Eisbären für möglich halten. Neue, andere, überraschende Gedanken kommen mir in den Sinn, über die ich auf meiner Schaukel nur staunen kann. *Ich?* Das könnte die kompakte und komplexe Neuronenkombination sein, die sich im Laufe meines Lebens zusammengefunden hat und »Ich« sagt, aber im Moment nur zuschaut und genießt.

Mein Denkvermögen habe ich nicht selbst hervorgebracht. Es ist über Jahrmillionen in einem Prozess entstanden, der den Eindruck der Zielgerichtetheit erweckt, da so vieles aufeinander aufbaut. Aber alles spricht dafür, dass die Natur nie fokussiert auf ein Ergebnis hinarbeitet, immer nur nach dem Zufallsprinzip Entwürfe macht und im praktischen Einsatz prüft, was davon zur Bewahrung und Weiterverbreitung des Lebens beiträgt.

Ein kleiner Teil bewährt sich, den großen Rest verwirft die Natur ohne Reue. In jeder Phase des Geschehens ist es ein fluides Chaos, aus dem eine festere Ordnung entsteht. Erst im Nachhinein erscheint es so, als sei planvoll etwas konzipiert worden. So ist es jetzt auch bei mir. Ich bin ebenfalls Natur. Anders als bei der Evolution der äußeren Natur, die buchstäblich alle Zeit der Welt für sich hat, handelt es sich bei der inneren Natur des Denkens allerdings um ein Entwerfen und Verwerfen in kürzester Zeit. Unter tausend Gedanken findet sich allenfalls einer, der weiterführt.
Manchmal hakt eine Synapse etwas nachhaltiger ein. Dann steht mir plötzlich eine Idee klar vor Augen, die ich gerade eben noch nicht hatte. Es kann die Idee zu einem großen Projekt sein oder zu einer kleinen, aber feinen Formulierung. Es ist eine Eingebung, eine Inspiration, ein Geistesblitz wie aus dem Nichts, denn zuvor war da noch nichts. Nicht schon gleich steht die Realisierung an, es ist nur eine Idee. Oder ich durchschaue Zusammenhänge, die mir lange ein Rätsel waren. Dinge zeigen sich verknüpft, die zuvor nichts miteinander zu

tun hatten. Manchen Menschen widerfährt das gewohnheitsmäßig mit Leichtigkeit, man nennt es Genialität. Für mich ist es die Muße auf der Schaukel, die sich als äußerst ergiebige Zeit für den Geist erweist. Eingebunden in meine gewöhnliche Arbeit, wäre ich auf diese Gedanken, diese Ideen nie gekommen. Ich wäre ganz und gar davon absorbiert gewesen, abzuarbeiten, was ansteht. Empfehlung für Kreativität: *Etwas Anderes zu tun als das, was zu tun ist.*

Die Muße auf der Schaukel hilft auch bei Ratlosigkeit. In aller Ruhe drehe und wende ich eine Frage hin und her, um die möglichen Antworten in den Blick zu bekommen. Als wäre das Problem ein Ding, umkreise ich es in Gedanken, um alle seine Aspekte kennenzulernen. Wie ein Astronaut im All schwebe ich frei um ein Thema herum und probiere die Perspektiven aus, unter denen ich es betrachten kann. Irgendwo finde ich den Punkt, an dem ich ansetzen und eine Beziehung dazu eingehen kann. Von da an interessiert es mich brennend und ich sehe, was da alles »drinsteckt«. Ist eine Entscheidung zu treffen, wäge ich ab: Was geschieht mit welcher Wahrscheinlichkeit, wenn ich mich für dies oder jenes entscheide? Ich versuche zu erspüren, was die besten Energien in mir freisetzt und die Mitochondrien, die Kraftwerke in meinen Zellen, auf Touren bringt, ein Indiz für das Richtige aus meiner Sicht.

Auch die Anwesenheit des Anderen, der mir hilft, die Schaukel in Schwung zu halten, dient der Muße und fördert die Kreativität. Ihn oder sie bei mir zu wissen, schenkt mir Gelassenheit. Unterhalten wir uns, fordert das Gespräch uns beide heraus. Das Gesagte versetzt ruhende Energien in Schwingungen, die fortan aus den Worten sprechen und als anregende, erregende Atmosphäre erlebt werden. Zwischen uns, in uns, über uns verdichtet sich flirrende Luft zu einer Wolke der Inspiration, aus der Impulse herabregnen. Die wild bewegten Synapsen fördern Gedanken zutage, die ohne die Situation des Gesprächs nie das Licht der Welt erblickt hätten. Ist der Vorgang mit einer Geburt vergleichbar? Sokrates sah das so. Er wollte in Gesprächen Gedanken zur Geburt verhelfen, eine philosophische Hebammentätigkeit.

Ein Wort ergibt das andere, und so schaukeln sich die Energien wechselseitig hoch, bis die knisternde Spannung entsteht, die die Gesprächspartner zu Wagnissen ermuntert. Es wird zum Spiel, ins Blaue hineinzuformulieren, es ist ja nicht Ernst. Spinnereien sind möglich und willkommen, um das gewohnte *Mindset* zu durchbrechen. Ich spintisiere, der Andere lässt sich animieren und spinnt den Faden weiter. Seine Fragen verlangen nach meinen Antworten, die ich spontan parat habe, um erst hinterher darüber nachzudenken. Der Andere wiederum imponiert mir mit Scharfsinn und trockenem Witz. Dass er seinerseits mir viel zutraut, spornt mich dazu an, ihm Stoff zum Staunen zu bieten und das bisher Gesagte noch mit einer gewagten Volte zu überbieten, die mich selbst überrascht. Unvermutet öffnet sich das Fenster zu einer neuen Sichtweise. Nie gesehene Möglichkeiten geraten in den Blick.

Es ist ein wundervoller Zustand, ein chaotisches Durcheinander voller Leben und frischer Ideen. Die vielfältigen Verknüpfungen sorgen für eine Erfahrung von *Sinn*, der den Eindruck erweckt, nie mehr in Frage stehen zu können. Es macht Freude, wie sinnvoll alles ineinandergreift. Alles scheint von Zusammenhängen durchzogen zu sein. Es gibt keinen kürzeren Weg zum Sinn, zum Gefühl des Erfülltseins durch das, was als wesentlich empfunden wird. Die Präsenz der Energien, die alles durchdringen, alles in ein Netz von Zusammenhängen einspinnen und aufleben lassen, ist leibhaftig zu spüren. Bei der hin und her schaukelnden Unterhaltung wird mir erst klar, was bei digitalen *Calls* oft so unbefriedigend ist: Es kommt kein anregender Austausch von Energien zustande. Die Schaukel ist ausgehängt.

Energie in all ihren Erscheinungsformen bildet den *Pool* der Möglichkeiten, das Potenzial, aus dem der kreative Mensch seine Einfälle schöpft. Es ist die Eigenart der Energie, alle endlichen Wesen und Dinge unendlich zu überschreiten. Energiereiche Erlebnisse wie *Flow* und *Trance* sind daher immer auch transzendente Erfahrungen. Im Sinne des lateinischen *transire*, »hinübergehen«, handelt es sich um Übergänge oder besser ein Hinüberschaukeln in andere Zustände, die eine ungewöhnliche

Intensität bereithalten und ein Aufgehen des Ich im Meer der Energie ermöglichen. Die Stimmung ist die einer Übereinstimmung mit allem, was ist. Menschlich kann es die Empfindung universeller Liebe sein, das Gefühl einer geradezu kosmischen Verbundenheit, wie es auch für religiöse Erfahrungen typisch zu sein scheint.
Handelt es sich um Illusionen? Aber es ist tatsächlich so, dass das Dasein unentwegt von Energie umflutet wird. Nicht etwa von einer ominösen Energie, sondern von der Omnipräsenz aller bekannten und unbekannten Energieformen. Allen geläufig ist die Erfahrung der Energie in Form des Sonnenlichts, das im dunklen Winter herbeigesehnt wird. Es ist diese Energie, die sich im menschlichen Körper materialisiert, im buchstäblichen Sinne. Alle stoffliche Nahrung, die Menschen zu sich nehmen, geht letztlich auf solare Energie zurück, ohne dass dies immer allen bewusst wäre. Jedes Ich verfügt im Grunde über einen Körper aus Licht. Das ist keine romantische Schwärmerei, sondern eine nüchterne Feststellung.
Solche Gedanken im Sinn, macht sich das Gefühl

der Zeitlosigkeit in mir breit. Es könnte immer so weitergehen. Dass in Wirklichkeit dennoch Zeit vergeht, zeigt sich in der Ermüdung des Anderen, hier *der* Anderen, meiner geliebten Frau, deren Arme allmählich erlahmen. Meine Arme auch. Ich werde von Müdigkeit erfasst, denn auch Anstrengungslosigkeit ermüdet. Außerdem habe ich Hunger. Vielleicht ist es jetzt auch einfach mal gut. Die Schaukel des Lebens sorgt dafür, dass selbst die mitreißenden Fluten eines *Flow* oder die sanften Wellen einer *Trance* irgendwann an den Stränden des alltäglich gelebten Lebens verebben. Es ist nicht das Ende allen Schaukelns, aber der Gegenpol zum frohgemuten Hin- und Herschwingen macht sich nun mit größerem Nachdruck bemerkbar.

8.
Durchhänger:
Es macht keinen Spaß mehr

Unwillkürlich reißt ein Gähnen meinen Mund weit auf. Schaukeln ist pure Freude, aber ständig nur Freude haben? Leichtigkeit zu gewinnen ist der Sinn des Schaukelns, aber jetzt wird es beschwerlich. Was als Erholung gedacht war, wird anstrengend. Schaukeln mag wie Sex sein, aber wie die schönste Verausgabung mündet auch diese hier in eine Erschöpfung. Was so viel Lust gewährt, macht mit einem Mal keinen Spaß mehr. Nichts und niemand ist dafür verantwortlich, es geschieht einfach, körperlich, weil sich Müdigkeit einstellt, seelisch, weil auch gute Gefühle mal erlahmen, und geistig, weil den Synapsen die Gleitmittel abhandenkommen, sodass den Gedanken der Elan zu fehlen beginnt.

Stimmungsumschwung, *vibe shift*. Sicherlich hat das mit den erwähnten Stoffen zu tun, die beim Aufschwung den Kopf *boostern*. Selbst noch so prall gefüllte Speicher von Dopamin, Serotonin, Noradrenalin, körpereigenen Endorphinen und Opiaten werden im Laufe der Zeit abgebaut und aufgebraucht. Und je mehr sie abgebaut werden, desto länger währt die Auszeit, die sie benötigen, um sich zu regenerieren. Muss ich diese Flaute akzeptieren? Wo sind die neuen Reize? Wie komme ich dagegen an, dass ich jetzt definitiv eher den Reiz der Übelkeit in mir verspüre? Liegt es daran, dass die rasanten Abschwünge den Magen einige Male zu oft hochgehoben haben? Habe ich es übertrieben? Lohnt sich das Leben überhaupt noch, wenn der *Kick* weg ist?

Unweigerlich sind die Hormone mit Hermeneutik verknüpft. Die hormonelle Situation schlägt unmittelbar auf die gedankliche *Kunst der Deutung* durch, die als Hermeneutik bezeichnet wird. Hatte ich gerade eben noch im Hochgefühl des Hochschaukelns das Leben als Ausbund an Freude gedeutet, zauberhaft schön, legt der abschwellende Pegel der Hormone nun die Deutung nahe, dass das Leben eine triste Veranstaltung ist, trauriger kann es gar nicht sein. Freude schützt vor Verdrießlichkeit nicht, alles ist völlig aussichtslos, es gibt keine Hoffnung auf Besserung, das Glas ist halb leer und wird immer leerer. Dann wiederum ist die Situation doch nicht so schlimm, unverhofft tun sich Möglichkeiten auf, es gibt Grund zur Zuversicht, das Glas ist bereits halb voll und wird immer voller. Von dieser Höhe geht es von Neuem hinab zum Tiefpunkt, an dem ich in Sinnlosigkeit versinke. Und wieder hinauf zur Spitze des Optimismus, von der aus sich glänzende Aussichten eröffnen. Leben!

Das Leben ist ein Schaukeln zwischen Sichtweisen. Besonders in der Liebe ist das zu erfahren. Eben erst hatte der Überschwang der Hormone die euphorische Deutung auf die Lippen gelegt, »wir wollen gemeinsam alt werden«. Nun aber hat das Dahinschwinden der stoffbasierten Gefühle zur Folge, von Liebe gar nicht mehr sprechen zu können und sich »verschaukelt« zu fühlen. Ist das Eine oder Andere eine unumstößliche Wahrheit oder lediglich eine situative Deutung? Kaum je kommt es den Liebenden in den Sinn, sich der Bedeutung der Hermeneutik bewusst zu sein und nicht jede

zeitweilige Aufwallung, auch nicht jedes momentane Abflauen von Hormonen, auf die Deutung der Liebe als Ganzes durchschlagen zu lassen.
Dass ich das zur Sprache bringe, hat übrigens einen Grund. Ich selbst zielte in der Liebe immer auf *high life* und wollte nie mehr davon herunterkommen. Die Liebe sollte innig und volltönend wie eine Bachkantate sein, am besten wie eine, die immer wieder von vorne einsetzt, *da capo*, aber *ad infinitum*. Lange kam ich nicht damit zurecht, dass sich das übermütige, aufgekratzte Zusammensein unversehens in eine Gereiztheit verkehrte, warum nur? Nur weil die positiven Energien verpufft waren? War das nur für den Moment so, nur für heute? Oder war die Delle in den Gefühlen ein Anzeichen dafür, dass die Beziehung überhaupt in Frage stand?
Ich war Euphoriker in Vollzeit, meine Frau allenfalls in Teilzeit. Ich eigentlich auch nur in Teilzeit, denn Vollzeit ist viel zu anstrengend, aber das wollte ich nicht einsehen. *Sie* war es, die mir die Rolle der Deutung für die unterschiedlichen Phasen der Liebe behutsam nahebrachte: Dass jede Verzaube-

rung von Ernüchterung abgelöst wird, die zauberhaften Zeiten aber immer wiederkehren können. Das Leben schaukelt zwischen Phasen, die gedeutet werden, und die Liebe schaukelt mit. Kann das die Ursache für das gelegentliche Gefühl sein, »in der Luft zu hängen«? Aber ja, das ist das typische Gefühl beim Schaukeln.

Muss ich das aushalten? Lässt sich nicht eine Sichtweise fest installieren, am besten die mit den besten Aussichten? Aber das käme dem Versuch gleich, die Schaukel mitsamt Mensch nach erfolgtem Aufschwung oben festzubinden. Es wäre eine Belustigung für die Passanten unten, womöglich auch ein Grund, Polizei und Feuerwehr zu rufen. Dennoch investieren viele ihre verfügbaren Kräfte auf der Schaukel des Lebens in genau diesen Versuch. Zwar kann es nicht wirklich gelingen, das Leben zu arretieren. Gelingen kann jedoch ohne Weiteres, sich und Andere zu täuschen und so zu tun, als sei man auf der Höhe des Lebens festgetackert, wo ständig alles toll ist. Bis zum Absturz. Die festgezurrte Weltsicht kann nicht stabil sein, denn sie vermag der Beweglichkeit des Lebens nicht Rechnung zu tragen. Stabil ist eher die schaukelnde Weltsicht, die anderen und auch gegensätzlichen Deutungen im Hin und Her des Lebens eine Chance auf Bewährung gibt.

Im Moment macht jedoch das Schaukeln selbst keinen Spaß mehr. Das Leben will Abwechslung und erreicht das in der gegenwärtigen Situation dadurch, dass das Schaukeln selbst unerträglich wird. Die Langeweile ist keine lange Weile mit schöpferischen Momenten mehr. Sie ist nur noch die Leere, die ich nicht mehr zu füllen weiß. Unabweisbar steigt die Ahnung in mir auf, dass es das Beste wäre, aufzuhören und abzusteigen. Ich kann ja irgendwann wieder neu anfangen. Etwas Anderes drängt in mir offenkundig danach, möglich zu werden, aber dafür muss der wohlige Schwebezustand unmöglich werden. Erst dann kann sich das Andere zeigen, ohne dass sich bereits abzeichnen würde, wie es konkret aussehen könnte.

Von der elektrisierenden Spannung in der Höhe schaukelt das Leben zurück zu den Ebenen seiner energetischen Entladung. Die Träumereien waren grenzenlos und das Zeitgefühl löste sich auf. Und doch ist jedes noch so tolle Erlebnis damit konfrontiert, dass die Zeit wiederkehrt, genauer, dass sie wieder wahrnehmbar wird, denn sie war nie wirklich weg. Für einen Moment unterliege ich der Versuchung, nach Möglichkeiten der Zerstreuung zu suchen. Wo habe ich bloß mein Smartphone hingesteckt? Wäre es nicht an der Zeit, eingetroffene *Messages* zu checken und durch *News* zu scrollen? Wie viel Uhr ist es genau? War da nicht noch ein Termin, den ich unbedingt wahrnehmen muss? Der Ablauf für den Rest des Tages müsste getaktet werden, um all das unterzubringen, was keinen Aufschub duldet. Jetzt kommt es wieder darauf an, die knappen Viertelstunden zu nutzen, bevor der Tag gelaufen ist, an dem noch so viel zu tun gewesen wäre. Die Rückkehr ins Leben lässt sich nicht länger aufschieben. Damit einverstanden zu sein ist Schaukeln. Ausschaukeln ist angesagt.

9.
Ausschwingen: Es war so schön

Ohne neue Impulse wird der Pendelschlag des Schaukelns von selbst schwächer. Die Erde kommt näher, die Wirklichkeit hat mich wieder. Mir wird schmerzlich bewusst, dass meine Frau nicht mehr da unten steht. Sie ist weggegangen und nimmt mich nicht, wie sonst bei jeder Rückkunft, mit einem strahlenden Lächeln in Empfang. Nie mehr. Dass sie gar nicht weggehen wollte, sagte ihr letzter, tiefernster, todtrauriger Blick in unsere Augen, die der Kinder und die meinigen. Ihnen hat sie von klein auf ihre überwältigende Lebensfreude mitgegeben. Dass ich meine verlieren könnte, war ihre große Sorge. Wie sie wiedergewinnen?
Durch Schönes, das es trotz allem gibt. Aber wo ist es zu finden? Das Schöne ist daran zu erkennen, dass es schön ist, verkündete mal jemand – geniale Definition, aber lässt sich noch mehr dazu sagen? Vielleicht, dass es schön ist, weil es anregt,

inspiriert, erfreut oder sonst wie bejahenswert ist. Was bereitet mir am meisten Freude? Nicht nur jetzt beim Schaukeln, sondern überhaupt bei allem Hin und Her im Leben? Selbstverständlich meine Kinder, meine weitere Familie, meine Freunde und Freundinnen, meine Arbeit, mein täglicher Gang ins Café, den ich nicht entbehren will, meine geliebte Heimat, von der ich hergekommen bin, meine Wahlheimat, in der ich sehr gerne lebe, meine Reisen, die mir den Reichtum der Welt vor Augen führen. Das Schönste in meinem Leben aber war meine Frau.

Unendlich viel Schönes haben wir zusammen erlebt, das all das weniger Schöne mühelos aufwiegen konnte, das natürlich auch wir kannten. Das Großartigste, was das Leben mir schenken konnte, war sie, die Liebende, ein unwahrscheinlicher Zufall, eine göttliche Fügung, ein glückliches Schicksal, das ohne sie zu einem unglücklichen geworden ist. Dass auch das schönste Schaukeln einmal ein Ende hat, ist wahr, aber so früh? Sie war nur 59 Jahre alt. Liegt es auf der anderen Seite nicht nahe, mich darüber zu freuen, dass wir fast 40 Jahre zusammen sein konnten? Alles Wirkliche ist endlich, ist es nicht besser, das zu akzeptieren, wenn es nicht zu ändern ist? Ich will nicht hadern mit der Situation. Es war so schön!

Les beaux moments sont trop courts, die schönen Momente sind zu kurz, singt Francis Cabrel auf seinem Album *À l'aube revenant* (»Im Morgengrauen zurückkehrend«, 2020). Es ist klar, wovon er singt, und doch sind nicht nur die nächtlichen Höhepunkte so schön, dass sie nie vergehen sollen, sondern auch die viel längeren Zeiten des Vertrautseins miteinander. Ein weiteres Chanson widmet Cabrel den abgebrannten Kerzen, *Les bougies fondues*. Das romantische Bild des brennenden Kerzenlichts haben viele vor Augen, wenn es um unvergessliche Stunden geht. Aber auch die Kerzen, die still vor sich hin flackern, verlöschen irgendwann. *Vita brevis*, kurz ist das Leben, wie lang auch immer es sein mag. Nach vorne gesehen scheint es ewig zu dauern. Rückblickend verging es viel zu schnell. *Ars longa*, lang währt nur die Kunst, das Werk, das bleibt. Kleine Werke sind die Lieder über kurze Momente, die unansehnliche Kerzenstümpfe hinterlassen. Ein großes Werk aber ist das Leben, das bleibt, wenn die Augen verlöschen. Der Tod besiegelt, was in diesem Leben realisiert worden ist und jetzt als Lebenswerk vor Augen steht. Veränderbar ist nur noch die Deutung.

Was schrecklich fehlt, ist jedoch die Präsenz des geliebten Menschen. *Wo ist meine Frau?* So fragt es in mir wieder und wieder. Wie ist es möglich, mich trotz allem des Lebens zu freuen? Nie mehr kann ich ohne sie so glückstrahlend sein wie in unseren schönsten Zeiten. Ich bedarf eines anderen Glücks als das des wohligen Gefühls in willkommenen Momenten. Das umfassendere *Glück der Fülle* wird auch von unglücklichen Erfahrungen nicht in Frage gestellt, da sie als Teil der Fülle des Lebens verstanden werden können. Vermutlich ist es das, was in der antiken griechischen Philosophie *Eudaimonia* genannt wurde: Einen guten (*eu*) Geist (*daimon*) in sich zu haben, lebensfroh und sinnerfüllt und gerade aus diesem Grund auch Anderen zugewandt. Das *Frohsein* dieses Glücks kann fortdauern, da es anders als das *Fröhlichsein* nicht von gelegentlichen Hormonschüben abhängig ist.

Ja, es geht darum, das Leben zu feiern, aber das Glück der Fülle beruht nicht allein auf dem Abfeiern der spaßigen Seiten des Lebens, sondern auf dem Einverstandensein mit dem Leben in all seinen Facetten.

Die harte Konfrontation damit, dass das Leben eine zeitliche Grenze hat, ist kein Argument gegen die Lebensfreude, eher eines für sie, denn es ist diese Grenze, die das Leben wertvoll macht. Das lag meiner Frau bis zuletzt am Herzen: Es im vollen Bewusstsein der Begrenztheit nicht an Freude fehlen zu lassen. *Memento mori*, bedenke den Tod, ja, aber *carpe diem*, genieße den Tag, pflücke ihn wie eine reife Frucht. Das wiederum ist am besten möglich, wenn ich akzeptieren kann, dass das Leben unerfreuliche Tage bereithält, die die Freude am Leben als Ganzes dennoch nicht beeinträchtigen müssen. Von Tag zu Tag schaukelt das Leben weiter zwischen Erfreulichem und Unerfreulichem, auch wenn der einzelne Mensch nicht mitschaukeln mag oder endgültig aus dem Leben hinausschaukelt.

Wenn ich den Gedanken nachsinne, von denen ich

glaube, dass sie im Sinne meiner Frau sind, spüre ich ihre Energie in mir. Wie eine große, lichte, warme Wolke sehe ich sie vor mir und nahe an mir dran. So gerüstet, bin ich wieder voller Zuversicht, wie fast immer in der Zeit, in der ich mit ihr zusammen durchs Leben ging. Ich fühle mich nicht mehr dem Unglücklichsein ausgeliefert, sondern bin bereit für das Leben mit seinen Gegensätzen, die Menschen als positiv und negativ deuten. Meiner inneren Polarität zwischen Selbstgewissheit und Selbstzweifeln, Großzügigkeit und Geiz, Mut und Ängstlichkeit, Cleverness und Dummheit, Härte und Milde, die ich erfahrungsgemäß nicht aufzulösen vermag, werde ich besser gerecht, wenn ich dazwischen hin- und herschaukle. Gegenüber Anderen, die mich nerven, versuche ich die Nachsicht zu üben, auf die ich meinerseits hoffen muss, wenn ich ein Ärgernis für sie bin.

Und wozu das alles? Jetzt erst bemerke ich, dass ich immer alles für uns beide gemacht habe. Gibt es ein Wozu darüber hinaus? Ein Wozu für alles? Es ist gut möglich, dass es keinen letzten Zweck gibt. In den Worten meiner Frau: »Es ist, was es ist, und ich weiß nicht, was es ist.« Schaukelnd kann das Leben auch nur um seiner selbst willen da sein, ein Selbstzweck. Vielleicht liegt der Sinn des Lebens darin, es einerseits zu feiern, solange es währt. Es andererseits zu beweinen, wenn es endet. Und sich zwischendurch unverdrossen um seine Weiterentwicklung zu bemühen, denn so macht es auch die Natur, ohne zu fragen, wozu. Für mich ist die Zeit gekommen, mir fürs Weiterleben ein paar Fragen zu stellen: Was hat mir in meinem bisherigen Leben gefallen, was nicht? Was kann ich verändern, verbessern, verfeinern? Was ist für mich selbst so erfüllend, dass ich den Sprung zurück ins Leben wagen und wieder im Alltag ankommen kann? Die kleine Kunst der Lebensfreude endet nicht mit dem Ausschaukeln.

10.
Absprung: Ankommen im Alltag

Ich setze zur Landung an. In Ermangelung eines Fahrwerks strecke ich die Beine aus. Der Luftwiderstand reduziert die Landegeschwindigkeit, bis ich den Absprung wagen kann. Er gleicht mehr der stolpernden Landung eines Fallschirmspringers als dem sanften Aufsetzen, wie es Jetpiloten zuwege bringen. Ende eines Ausflugs ins Blaue, zurück im Alltag mit seinen Nöten und Notwendigkeiten. Die Begegnung mit höheren Möglichkeiten führte mir immerhin vor Augen, dass die Niederungen der Wirklichkeit die Landschaft des Lebens nicht allein dominieren. Jetzt aber ist die Rückkunft unvermeidlich, denn es ist unmöglich, ständig außeralltäglich zu leben, ohne dass dies selbst zum Alltag werden würde. Jeder Versuch, die reizvolle Abwechslung selbst zum Alltag zu machen, scheitert daran, dass der Reiz schwindet.

Alleine zurechtkommen zu müssen, wird jetzt

mein Alltag sein – keine einfache Aufgabe, wenn es lange selbstverständlich war, nicht allein zu sein. Zurechtkommen muss ich auch mit Anderen, worauf meine Frau sich viel besser verstand als ich. Der poetische Tagtraum, dass keine Differenzen Menschen trennen sollten, hat durch den zauberhaften Überschwang des Schaukelns Auftrieb erhalten. Der irdische Alltag aber verlangt mir die prosaische Einsicht ab, dass sich auf Einheitsträume oft nur Schäume reimen. Eben erst konnte ich die Menschen noch universell lieben, aber auf dem harten Boden der Tatsachen entpuppen sie sich als viel zu divers, mit einer Unzahl von Vorlieben und Abneigungen, Meinungen und Interessen, die mir befremdlich erscheinen. Meine Frau konnte immer für alles Verständnis aufbringen. Mir fällt das deutlich schwerer. Aber irgendwie muss ich mit Anderen klarkommen, sie irgendwie ja auch mit mir.

Die Knie zittern ein wenig, als ich mit beiden Beinen auf dem Boden stehe. So muss sich die Rückkehr aus dem All für Astro-, Kosmo- und Taikonauten anfühlen. Je beflügelnder die Schwerelosigkeit war, desto belastender fällt die Schwerkraft aus. Ist es etwa erstrebenswert, sich wieder im irdischen Alltag einzufinden? Zumindest bürgt er für die Wirklichkeit, an der ich mich jetzt festhalten kann, bis auf Weiteres. Wirklichkeit ist das, was so schwierig zu bewerkstelligen ist, dass es nicht jeden Tag neu erfunden werden kann. Daher ist sie geprägt von der ewigen Wiederkehr des Gleichen, das sich von selbst ergibt, permanenten Problemen, Besorgungen, Begegnungen, lästigen Arbeiten, sattsam bekannter Regelmäßigkeit, geliebten oder verhassten Gewohnheiten und Ritualen, wieder und wieder frequentierten Wegen. Alles immer von vorne und nichts erledigt sich von selbst. Auch die Ressourcen, die eine Auszeit auf der Schaukel erlauben, müssen erst erarbeitet, Rechnungen bezahlt, die Waschmaschine bestückt, die Geschirrspülmaschine ausgeräumt werden. Und was wollen wir zu Abend essen?

Gut möglich, dass die Wahrheit des Lebens *Sisyphus* heißt. Aber muss ich mir Sisyphus wirklich als einen glücklichen Menschen vorstellen, wie Albert Camus meinte? Die Sisyphusarbeit der wiederkehrenden Tätigkeiten, die der Alltag abverlangt, geht tatsächlich leichter von der Hand, wenn ich einfach akzeptiere, dass der tagsüber hochgerollte Stein morgen früh wieder unten liegt. Gehe ich den Alltag offensiv an und füge mich frohgemut in sein Raster, kann er mich weniger beeinträchtigen. Die Alltäglichkeit kann sogar erfüllend sein, wenn ich nicht alle Energie dafür aufwende, sie abzulehnen. Frei nach Karl Valentin, der das auf den Regen bezog, freue ich mich also über den Alltag, denn wenn ich mich nicht freue, ist er immer noch da. Ihn zu bejahen ist am ehesten möglich, wenn ich ihn als Teil der *Lebensschaukel* betrachte, die zwischen gewöhnlichen und ungewöhnlichen Erfahrungen hin- und herschaukelt, und dies umso mehr, je mehr sie vorsätzlich in Schwung gehalten wird. Nehme ich das alltägliche Quantum an Ärger hin, kann ich sogar das Schaukeln zwischen Freude und Ärger als gewöhnliche Bewegung des Lebens verstehen.

Wegzuschaukeln von der alltäglichen Normalität, hat mich nun näher an sie herangebracht. Ich muss sie nicht mehr als auferlegte *Norm*, sondern kann sie als selbstgewählte *Form* verstehen, die eine Lebenshilfe ist. Was ich der Normalität verdanke, ist die Selbstverständlichkeit, die die Kräfte schont, und die Vertrautheit, die das Gefühl von Heimat vermittelt. Daher wollten so viele »die Normalität wiederhaben«, als sie im ersten Coronajahr 2020 brüsk und unerwartet verlorenging. Ihre Wonnen schätzen diejenigen am meisten, die sie entbehren müssen. Dabei wird sie doch sonst oft als bedrückend und erstickend erlebt. Aber gerade dann, wenn die Unnormalität wie eine Sintflut ins Leben hereinbricht, gerät die Restnormalität zur rettenden Insel. Es ist eine Aufgabe der Lebenskunst, die Normalität zu pflegen, die dem Leben dient, und eine neue zu schaffen, wenn die alte kollabiert ist.

Und nicht nur in schwierigen Zeiten hilft der normale Alltag weiter. Sich auf seine Erfordernisse einzulassen, statt sich im vergeblichen Kampf dagegen zu verausgaben, erlaubt zu jeder Zeit die Konzentration der Kräfte auf das, was wichtig erscheint. Die Verlässlichkeit des alltäglichen Rahmens offeriert eine Plattform zur Realisierung kleiner und großer Dinge. Nach dem schwungvollen Schaukelflug, der neue Ideen erbracht hat und visionäre Möglichkeiten am Horizont aufscheinen ließ, geht es *down to earth* um die Umsetzung in Wirklichkeit. All die Vorstellungen, die mir auf der Schaukel zeitgleich durch den Kopf schwirrten, muss ich auf dem Boden Schritt für Schritt in eine zeitliche Abfolge bringen, erst dies, dann jenes, denn so geht Realisierung gemäß der Asketik. Die mühsame Auseinandersetzung mit Detailfragen der Verwirklichung und mit den Widrigkeiten dessen, was aktuell wirklich ist, darf ich nicht scheuen. Auch tiefgreifende, disruptive Veränderungen starten nirgendwo anders als in der bestehenden Wirklichkeit.

Der Alltag fungiert als Basislager, von dem aus die Gipfel des Lebens, Liebens und Arbeitens zu erstürmen sind. Die Haltung, ihn grundsätzlich zu akzeptieren, ermöglicht am ehesten, sich gelegentlich auch wieder von ihm lösen zu können, um sich anderen Dingen zuzuwenden. Gerade in sehr nahen Beziehungen macht seine Akzeptanz es möglich, Abwechslung zu arrangieren, sei es mit schönen Dingen wie Essen, Blumen, Kleidung, Erotik oder mit größeren außeralltäglichen Unternehmungen, mit deren Hilfe sich die Engführung des Alltäglichen sprengen lässt. Auch in einer lange währenden Beziehung können die Kerzen immer wieder neu angezündet werden, um sich auf jede Weise gemeinsam des Lebens zu freuen. Meine Frau war Meisterin in dieser Disziplin.

Was aber wird aus der Schaukel, wenn das Leben endet? Was geschieht, wenn der allerletzte Absprung absolviert worden ist? Niemand weiß, wo ein Mensch dann ankommt und in welche Aggregatform er womöglich transformiert wird. Vieles spricht dafür, dass es sich so verhält wie überall in der Natur, die zwischen Wach- und Schlafphasen hin- und herschaukelt. Was im Winter unter der Erde verschwindet, wagt sich im Frühjahr wieder hervor. Es ist nicht genau dasselbe Leben, das wiederkehrt, aber den unterschiedlichen Ausformungen liegen offenkundig die gleichen Energien zugrunde. Warum sollte es bei Menschen anders sein? Alle Verkörperung, alle Entkörperung und das Schaukeln dazwischen sind mit großer Wahrscheinlichkeit in der allumfassenden energetischen Sphäre geborgen. Dort darf ich meine Frau vermuten, eingebettet in das unendlich Große, das nicht genauer zu benennen ist. »Ich komme aus dem Land jenseits der Worte – und dort gehe ich wieder hin. Da kannst du mich finden – für immer und ewig«, hat sie mir vor ihrem Tod ausdrücklich aufgeschrieben. Diese Zeilen schaue ich immer wieder an. Die Annahme, dass das wirklich möglich ist, bringt mich zurück zur kleinen Kunst der Lebensfreude.

Zum Autor

Wilhelm Schmid, geboren 1953 in einem Ortsteil von Krumbach (Bayerisch-Schwaben), lebt als freier Philosoph in Berlin. Er studierte Philosophie und Geschichte in Berlin, Paris und Tübingen. Bis zur Altersgrenze lehrte er Philosophie als außerplanmäßiger Professor an der Universität Erfurt. Zeitweilig war er tätig als Gastdozent in Riga/Lettland und Tiflis/Georgien sowie als philosophischer Seelsorger an einem Krankenhaus in der Nähe von Zürich/Schweiz. 2012 wurde ihm der deutsche Meckatzer-Philosophie-Preis für besondere Verdienste bei der Vermittlung von Philosophie verliehen, 2013 der schweizerische Egnér-Preis für sein Werk zur Lebenskunst. Umfangreiche Vortragstätigkeit im In- und Ausland zu den Themen seiner Bücher, die auch in zahlreichen Übersetzungen vorliegen.
www.lebenskunstphilosophie.de.
YouTube:
Wilhelm Schmid – Philosophische Spaziergänge.

Buchpublikationen

Die Suche nach Zusammenhalt. Ich und Wir: Vom schönen und schwierigen Leben in Gesellschaft, 2026, Suhrkamp Taschenbuch.
Den Tod überleben. Vom Umgang mit dem Unfassbaren, 2024, Insel Verlag.
Schaukeln. Die kleine Kunst der Lebensfreude, 2023, Insel Verlag.
Heimat finden. Vom Leben in einer ungewissen Welt, 2021, Suhrkamp Taschenbuch.
Von der Kraft der Berührung, 2019, Insel-Bücherei.
Selbstfreundschaft. Wie das Leben leichter wird, 2018, Insel Verlag.
Vom Schenken und Beschenktwerden, 2017, Insel-Bücherei.
Das Leben verstehen. Von den Erfahrungen eines philosophischen Seelsorgers, 2016, Suhrkamp Taschenbuch.
Von den Freuden der Eltern und Großeltern, 2016, Insel-Bücherei.
Vom Nutzen der Feindschaft, 2015, Insel-Bücherei.
Sexout. Und die Kunst, neu anzufangen, 2015, Insel Verlag.
Vom Glück der Freundschaft, 2014, Insel-Bücherei.

Gelassenheit. Was wir gewinnen, wenn wir älter werden, 2014, Insel Verlag.
Dem Leben Sinn geben. Von der Lebenskunst im Umgang mit Anderen und der Welt, 2013, Suhrkamp Taschenbuch.
Unglücklich sein. Eine Ermutigung, 2012, Insel Verlag.
Liebe. Wie sie gelingt, Neuausgabe 2021, Insel Verlag. Ursprünglich: *Liebe. Warum sie so schwierig ist und wie sie dennoch gelingt*, 2011, Insel Verlag.
Die Liebe atmen lassen. Von der Lebenskunst im Umgang mit Anderen, Taschenbuchausgabe 2013. Ursprünglich: *Die Liebe neu erfinden*, 2010, Suhrkamp Verlag.
Ökologische Lebenskunst. Was jeder Einzelne für das Leben auf dem Planeten tun kann, 2008, Suhrkamp Taschenbuch.
Glück. Alles, was Sie darüber wissen müssen, und warum es nicht das Wichtigste im Leben ist, 2007, Insel Verlag.
Die Fülle des Lebens. 100 Fragmente des Glücks, 2006, Insel Taschenbuch.
Die Kunst der Balance. 100 Facetten der Lebenskunst, 2005, Insel Taschenbuch.
Mit sich selbst befreundet sein. Von der Lebenskunst im Umgang mit sich selbst, 2004, Suhrkamp Taschenbuch.
Schönes Leben? Einführung in die Lebenskunst, 2000, Suhrkamp Taschenbuch. Neue Ausgabe 2017, Suhrkamp Pocket.
Philosophie der Lebenskunst – Eine Grundlegung, 1998, Suhrkamp Taschenbuch Wissenschaft.

Was geht uns Deutschland an? Ein Essay, 1993, Edition Suhrkamp.
Auf der Suche nach einer neuen Lebenskunst, 1991, Suhrkamp Taschenbuch Wissenschaft.
Die Geburt der Philosophie im Garten der Lüste, 1987, Suhrkamp Taschenbuch.